Commerzbank Frankfurt

Prototype for an Ecological High-Rise
Modell eines ökologischen Hochhauses

Commerzbank Frankfurt

Prototype for an Ecological High-Rise
Modell eines ökologischen Hochhauses

Colin Davies
Ian Lambot

Watermark / Birkhäuser

Designed and edited by Ian Lambot
Text by Colin Davies
All photographs © Ian Lambot 1997, except as noted in the credits
Translated from English into German by Caroline Gutbrod

A CIP catalogue record for this book is available from
the Library of Congress, Washington D.C., USA

Deutsche Bibliothek Cataloguing-in-Publication Data
Commerzbank Frankfurt : Modell eines ökologischen Hochhauses
/ Colin Davies ; Ian Lambot (eds.). Photogr. by Ian Lambot.
[Transl. from Engl. into German by Caroline Gutbrod].
Basel ; Boston ; Berlin : Birkhäuser ; Haselmere : Watermark, 1997
        ISBN 3-7643-5740-1 (Basel ...)
        ISBN 0-8176-5740-1 (Boston)

© 1997 Birkhäuser – Verlag für Architektur, P.O. Box 133, CH-4010
        Basel, Switzerland and Watermark Publications (UK) Limited,
        P.O. Box 92, Haselmere, Surrey GU27 2YQ

Printed on acid-free paper produced from chlorine free pulp. TCF ∞
Printed in Italy

ISBN 3-7643-5740-1
ISBN 0-8176-5740-1

9 8 7 6 5 4 3 2 1

Contents

Foreword

I am fascinated by things mechanical. Since I was a child, I have wanted to know how things work, how they are made. As a consequence, I have taken apart a fair range of household and studio appliances over the years. Of course, putting them back together was not always that easy – and a few have beaten me entirely – but that has rarely prevented my interest getting the better of me the next time round.

I am also a photographer. I am, therefore, interested in how things look, but looks alone rarely hold my interest for long. I am more interested in what is happening behind the surface. I prefer penetrating insight to bland portraiture. I want to know what people are thinking, not just what they look like. It is the synthesis of form *and* function that captivates.

These same interests shape my view of architecture – my preference for the Gothic cathedral over the Classical temple, for example, or for High-Tech over Post-Modernism.

A dozen or so years ago, I was lucky enough to follow and photograph the construction of the new headquarters for the Hongkong Bank. Over three years, I spent something like 90 days exploring every corner of the site, talking to those involved in the building's design and trying to understand what I was seeing. Every day was a delight. I learnt a great deal, and understood it all the better for seeing it actually happening before my eyes. It was this immediacy and clarity that I tried to capture in my book about the building.

Working on that project brought home two important messages. First, even with an architecture that is committed to explaining how it works, a great deal is inevitably concealed in the final design. No cladding panels, no matter how expressive, can do justice to the sheer strength of that building's structure, or the dynamism of its great pin-joints. Similarly, in the completed building, the careful layering of the servicing strategy is hidden away in a private world of basement plant rooms and modules, or beneath the raised floor.

Second, architecture of this scale and complexity requires true teamwork. The final decisions may lie in the hands of a chosen few, but they are totally reliant on the options and possibilities put forward by a great many. And on a large project, the many will include manufacturers and contractors as often as other members of the consultant team.

And so it has been with the new headquarters for Commerzbank in Frankfurt am Main. After the exuberance of the Hongkong Bank, the quiet restraint of the Commerzbank building may seem a curious choice on which to devote a whole book. No bravura performance this, but behind the subtlety of its facades lies a clarity of purpose that easily matches that of the earlier building. And in some respects surpasses it.

For all its rethinking of modern office planning, the Hongkong Bank remains a deep-plan building totally dependent on full air conditioning. The Commerzbank building is different. With its natural ventilation and shared gardens, its openness to daylight and views, it marks a new beginning, an important step on the road to an ecologically-aware architecture. It deserves to be understood on a wider scale. With this book, I have attempted to reveal – and explain – a little of what is happening behind the surface.

Here, then, is the combination of visionary ideas and true craftsmanship that I find so exhilarating. The building is the product of a great many people's commitment and determination. I am grateful to all those who have helped me in my task. I can only hope that I have done their work justice.

Ian Lambot   August 1997

Vorwort

Technische Dinge haben mich schon immer fasziniert – bereits als Kind wollte ich immer herausfinden, wie Hauhalts- und Bürogeräte funktionieren und aus welchen Einzelteilen sie bestehen. Ich habe im Laufe meines Lebens eine ganze Reihe von ihnen auseinandergenommen; sie dann auch wieder zusammenzubauen war natürlich nicht immer ganz einfach, und oft genug ist es mir nicht gelungen. Das hat mich aber nie davon abgehalten, es das nächste Mal wieder zu versuchen.

Ich bin Fotograf, und deswegen interessiert es mich, wie Dinge aussehen. Wenn etwas allerdings nur gut aussieht, verliert es für mich schnell seinen Reiz. Es fasziniert mich mehr zu sehen, was hinter den Kulissen passiert. Ich möchte mit meinen Fotos den Kern der Dinge darstellen und sie nicht einfach nur porträtieren. Ich möchte nicht nur wissen, wie jemand aussieht, sondern auch was er denkt. Es ist die Synthese von Form und Funktion, die mich fesselt.

Diese Gedanken prägen auch meine Haltung gegenüber der Architektur – meine Vorliebe für gotische Kathedralen beispielsweise, oder High-Tech-Architektur und nicht etwa für klassische Tempel oder postmoderne Bauten.

Vor ungefähr 12 Jahren hatte ich das Glück, den Bau der neuen Hauptverwaltung der Hongkong Bank mitzuverfolgen und zu fotografieren. Über einen Zeitraum von drei Jahren hinweg verbrachte ich ungefähr 90 Tage auf der Baustelle und habe mir dort alles sehr genau angesehen. Ich habe damals mit allen gesprochen, die am Entwurf beteiligt waren und versucht zu verstehen, was auf der Baustelle passierte. Ich habe jeden Tag etwas Neues gelernt und der Bauprozeß war für mich einfacher zu verstehen, weil ich ihn mit eigenen Augen verfolgen konnte. Diese unmittelbaren Beobachtungen wollte ich auch in meinem Buch über das Projekt festhalten.

Die Arbeit an diesem Projekt hat mich zwei sehr wichtige Dinge gelehrt: Erstens, selbst bei Bauwerken, deren Funktion in der Architektur zum Ausdruck kommen soll, muß notwendigerweise im fertigen Gebäude viel verborgen werden. Kein Fassadenpaneel, egal wie expressiv es sein mag, kann die unbeschreibliche Kraft des Tragwerks oder die Dynamik der Gelenkverbindungen auch nur annähernd zum Ausdruck bringen. Genauso ist auch das fein abgestimmte Haustechnik-konzept in die Technikräume der Kellergeschosse verbannt oder unter dem doppelten Boden versteckt.

Zweitens habe ich gelernt, daß Gebäude dieser Größe und Komplexität nur von einem Team erstellt werden können. Die endgültigen Entscheidungen werden natürlich von einigen wenigen getroffen, aber sie hängen in ihrer Entscheidungsfindung von den Vorschlägen und Ideen des gesamten Teams ab. Und bei einem derart großen Projekt zählen zu diesem Team außer den Beratern genauso auch die Hersteller und Vertragsunternehmen.

Das trifft auch auf die neue Hauptverwaltung der Commerzbank in Frankfurt am Main zu. Es mag merkwürdig erscheinen, nach einem Buch über den Formenreichtum der Hongkong Bank dem schlichten Commerzbankgebäude ein ganzes Buch zu widmen. Vielleicht ist der Turm kein Meisterwerk, aber hinter der durchlässigen Fassade verbirgt sich eine klare Funktionalität, die in keiner Weise hinter der des Gebäudes in Hongkong zurücksteht, sie womöglich gar übertrifft.

Bei der Hongkong Bank wurde zwar die moderne Büroplanung völlig neu überdacht, sie hat aber trotzdem einen tiefen Grundriß und wird ausschließlich über die Klimaanlage belüftet. Der Commerzbankturm ist anders; mit seinen Gärten als Pausenzonen für mehrere Stockwerke, natürlicher Belüftung und Transparenz, die natürliche Beleuchtung und Ausblick ermöglicht, stellt er den Beginn eines neuen Zeitalters dar, einen wichtigen Schritt hin zur umweltbewußten Architektur. Es lohnt sich, das Gebäude besser zu verstehen und daher habe ich versucht, mit Hilfe dieses Buches aufzuzeigen und zu erklären, was hinter der Fassade liegt.

Das also ist die Verbindung von wegweisenden Ideen und technischem Können, die mich so fasziniert. Es ist das Produkt der Arbeit und Entschlossenheit vieler. Ich danke all' denen, die mir bei der Produktion des Buches geholfen haben und hoffe, daß ich ihre Arbeit in diesem Buch angemessen gewürdigt habe.

Ian Lambot   August 1997

Introduction

Einleitung

Light at the heart of the building. Rising the full height of the main tower and opening on to the gardens, the central atrium delivers daylight and fresh air to every office.

Das Herzstück des Gebäudes ist lichtdurchflutet. Das Atrium ist in der Mitte aus dem Gebäude herausgeschnitten, so daß jedes Büro mit Licht und Luft versorgt werden kann.

The new headquarters building for Commerzbank in Frankfurt am Main happens to be the tallest building in Europe, but this is not what makes it worthy of detailed study. Most tall office blocks conform to the conventional American model: deep-planned and air-conditioned, with a central service core and identical, spatially separate floors.

The Commerzbank tower is different. It is flooded with daylight and naturally ventilated; it has a full-height internal atrium; and every individual office or work station has a clear view of the outside world. Four-storey-high landscaped gardens, evenly distributed over the height of the building, unlock the internal space and transform the working environment of the entire building. American boldness of form has been combined with British architectural inventiveness and German technical expertise to create a new building type: the humane and socially responsible skyscraper.

Big buildings are as much expressions of social, political and economic priorities as of architectural or commercial ambitions. They are the physical embodiments of sustained negotiations between the often conflicting interests of their clients, their users and the wider community. The aim of the new Commerzbank tower's design, however, is not merely to arrive at an expedient settlement, but to propose a new co-operative solution. It does this in several ways.

First, it is an urban building. It might well have turned its back on the city and retreated to a more manageable suburban setting. But, instead, it participates in the continuum of the city's development, accommodating itself to the existing street pattern and taking its place in the family of tall buildings that make up the

Der Turm der neuen Hauptverwaltung der Commerzbank in Frankfurt ist nicht nur das höchste Gebäude in Europa, sondern zeichnet sich auch durch einen so hohen Grad an Innovation aus, daß sich eine nähere Betrachtung lohnt. Die Mehrzahl aller hohen Bürogebäude wird heute nach dem konventionellen amerikanischen Standard entworfen: tiefe Grundrisse und Vollklimatisierung, mit identischen, aufeinandergestapelten Geschoßplatten, die durch einen zentralen Kern versorgt werden. Der Commerzbankturm ist anders. Er ist natürlich belüftet und lichtdurchflutet, hat ein Atrium, das sich über die Höhe des gesamten Gebäudes erstreckt, und jedes Büro hat Blickkontakt zur Außenwelt. Die viergeschossig angelegten Gärten sind gleichmäßig an der Außenfassade angeordnet; sie öffnen den Innenraum und schaffen ein völlig neues Arbeitsumfeld. Kühne amerikanische Formen verbinden sich hier mit britischem Erfindergeist und deutscher Technik, so daß ein gänzlich neuartiger Gebäudetypus entstanden ist: das menschliche und sozialverantwortliche Hochhaus.

Große Gebäude sind nicht nur Ausdruck architektonischer und unternehmerischer Interessen, sondern genauso auch sozialer, politischer und wirtschaftlicher Prioritäten. Sie sind der sichtbare Ausdruck langwieriger Verhandlungen zwischen dem Bauherrn, den Nutzern und den Kommunen. Das Ziel beim Entwurf des Commerzbankturms bestand nicht nur darin, eine praktische Lösung für diese unterschiedlichen Interessengruppen zu finden, sondern auch darin, durch den Dialog eine neue Zusammenarbeit anzuregen. Das Gebäude trägt dazu in verschiedener Hinsicht bei.

Zunächst entschied man sich dafür, die Hauptverwaltung im urbanen Kontext zu belassen. Eine Stadtrandlage, die nicht die Einbindung in das allgemeine Stadtleben gefordert hätte, wäre im Vergleich sicher unkomplizierter gewesen. Durch seine Lage in der Innenstadt trägt der Turm aktiv zur städtischen Veränderung bei, er fügt sich in das bestehende Stadtbild und zwischen die anderen Hochhäuser der modernen Frankfurter Skyline ein. Die zahlreichen

A new landmark in the city. The view from the Zeil *(far right)* and in the main entrance lobby *(below)*.

Ein neuer Blickfang für die Innenstadt. Blick von der Zeil *(ganz rechts)* und durch die Eingangshalle *(unten)*.

skyline of modern Frankfurt. Its skyscraper form is not a rejection of the traditional city but a symbol of faith in its future.

Second, the Commerzbank tower shows an awareness of the global ecological crisis. The analysis of the environmental impact of large construction projects is a science as yet in its infancy and no single building could ever claim to offer a complete solution. But this building begins a new phase in the development of an ecologically-aware, energy-saving and pollution-reducing architecture. To design a naturally lit and naturally ventilated skyscraper and make it work is not an enterprise governed merely by local or financial priorities. Whatever the motivation in this case – which did, indeed, include the need to satisfy political demands in order to gain planning permission – the result is a building that takes its environmental responsibilities seriously.

Third, this is a building designed for its users as well as its client. It is concerned not just with economical form and efficient planning, but with the quality of space, with comfort, both physical and psychological, with light and air and views, with rest as well as work, and with the rhythms of the working day. The 'gardens in the sky' are much more than expensive decorative embellishments. They are literally the life of the building.

Finally, the building serves the interests of the institution that commissioned and paid for it. There are much cheaper ways to build a headquarters for a bank, but investment in an improved working environment pays off in increased productivity. And what could be better for the public image of a commercial company than a humane and socially responsible skyscraper that also happens to be the tallest building in Europe.

Hochhäuser, die das Bild der Stadt inzwischen prägen, sind keine Abkehr von der Geschichte der Stadt, sondern ein Symbol des Vertrauens in ihre Zukunft.

Weiterhin ist der Commerzbankturm ein Beweis dafür, daß die beteiligten Unternehmen den Umweltschutz ernst nehmen. Das Wissen um den Einfluß großer Gebäude auf unsere Umwelt steckt noch in den Kinderschuhen, und ein einzelnes Gebäude kann natürlich nicht alle Fragen lösen. Aber dieses Gebäude läutet vielleicht ein neues Zeitalter des energiesparenden, nachhaltigen Bauens ein. Ein voll funktionsfähiges, natürlich belüftetes und beleuchtetes Hochhaus zu entwerfen ist ein Unterfangen, das nicht nur von lokalen und wirtschaftlichen Faktoren beeinflußt wird. Das Ergebnis ist jedenfalls ein Gebäude, das seiner Verantwortung gegenüber der Umwelt gerecht wird, auch wenn einer der Beweggründe für diese Entscheidung die politischen Bedingungen für die Erteilung der Baugenehmigung waren.

Darüber hinaus konnten beim Entwurf dieses Gebäudes sowohl die Interessen des Bauherrn als auch die der Nutzer berücksichtigt werden. Durch eine effiziente Raumnutzung und Planung, die Fragen der Raumqualität unter dem Aspekt des physischen und psychischen Wohlbefindens betrachten, ist ein Entwurf entstanden, in dem Licht, Luft und Ausblick für die Arbeitsplätze und Pausenzonen eine zentrale Rolle spielen und den Ablauf eines normalen Arbeitstages entscheidend verbessern. Die Himmelsgärten sind deshalb nicht teure Dekoration, sondern erfüllen durch die Verbesserung der Behaglichkeit eine wichtige Funktion im Gebäude.

Und schließlich ist ein Gebäude entstanden, das den Belangen des Bauherrn dient, der es in Auftrag gegeben und bezahlt hat. Natürlich kann man auch für sehr viel weniger Geld eine neue Hauptverwaltung für eine Bank bauen. Aber die Investitionen zur Verbesserung des Arbeitsumfeldes und somit letztendlich zur Produktivitätssteigerung der Mitarbeiter werden sich gewiß bezahlt machen. Und nichts ist besser für die Imagepflege eines Unternehmens als ein menschliches und sozialverantwortliches Hochhaus, das gleichzeitig auch noch das höchste Gebäude Europas ist.

11

The Design

Die Entwurfsplanung

In the late 1980s, the central departments of Commerzbank occupied some 30 buildings in and around Frankfurt am Main. The banking business was growing and changing. New financial products were being developed and marketed, while at the same time new technologies were reducing the need for clerical staff. The Bank didn't need more space, it needed a different kind of space: offices that would ease communication and encourage creative teamwork.

The Bank's presence in the city was marked by its 1960s' headquarters building, a 29-storey tower in the central financial district, and the decision was made to consolidate the accommodation nearby. Feasibility studies were carried out and various options considered, but it seemed unlikely that the Bank would be allowed to build another large building in the city centre.

Responding to popular sentiment, it was local government policy during the early 1980s to limit development and effectively outlaw new high-rise buildings. By 1989, however, public opposition to tall structures had relaxed, and development of the site adjacent to the existing headquarters became a real possibility. The site was restricted and the new building, if it was to meet the needs of the Bank, would have to be a fully-fledged skyscraper.

It was an exciting prospect. The new building would take over, and reinforce, the symbolic role of the existing tower, becoming not just an advertisement for the Bank but a powerful expression of the importance of Frankfurt as an international financial centre.

But there were conditions to be met. First, this would have to be no ordinary skyscraper but a work of architecture of international stature. The politicians insisted that the Bank include international participants in the competition for its design. Second, it would have to give something back to the city in the form of public space. Third, and most important, a wide range of ecological issues would have to be addressed before planning permission was granted.

In Germany, the energy efficiency of buildings is a live political issue. The insistence on

Ende der 80er Jahre war die Hauptverwaltung der Commerzbank AG auf mehr als dreißig Gebäude in Frankfurt am Main und Umgebung verteilt. Das Bankgeschäft florierte und veränderte sich durch die Entstehung neuer Märkte und Marketingstrategien stetig, während zugleich innovative Informationstechnologie mittlere Angestellte überflüssig machte. Die Bank brauchte also nicht mehr Grundfläche für ihre Büros, sondern neu konzipierte Räumlichkeiten: die interne Kommunikation sollte erleichtert und die Teamarbeit gefördert werden.

Die Präsenz der Bank in der Innenstadt war bis dahin von einem 29stöckigen Turm aus den 60er Jahren gewährleistet worden. Der innerbetrieblichen Umstrukturierung sollte durch eine Zusammenlegung der Büros entsprochen werden. Dazu wurden Machbarkeitsstudien durchgeführt und verschiedene Standortmöglichkeiten gegeneinander abgewogen. Es erschien zunächst unwahrscheinlich, daß die Bank die Baugenehmigung für ein weiteres Hochhaus in der Innenstadt bekommen würde. Entsprechend der damals vorherrschenden öffentlichen Meinung stand die Stadtverwaltung seit Beginn der 80er Jahre dem Neubau von Hochhäusern abgeneigt gegenüber und hatte ihn praktisch verboten. Im Jahre 1989 hatte sich die Lage allerdings wieder entspannt und die öffentliche Akzeptanz von Hochhäusern war gestiegen, so daß die Bebauung des Grundstücks direkt neben dem alten Hauptsitz realistisch wurde. Da das Grundstück relativ klein ist, konnten die Bedürfnisse der Bank nur mit einem Hochhaus erfüllt werden.

Dies war eine vielversprechende Perspektive. Das neue Hochhaus würde nicht nur die Funktion des bestehenden Gebäudes übernehmen, sondern mehr noch als der alte Turm die Bank repräsentieren und Frankfurt als internationales Finanzzentrum darstellen. Bestimmte Bedingungen mußten jedoch von vornherein berücksichtigt werden: Zunächst sollte nicht irgendein Hochhaus gebaut werden, sondern ein architektonisches Meisterwerk von internationalem Renommee. Die Stadtverwaltung bestand deshalb auf der Ausschreibung eines internationalen Architektenwettbewerbs. Darüber hinaus erwartete man einen Nutzen des Gebäudes für den allgemeinen Stadtraum. Vor allem aber ging es um die Berücksichtigung umfassender ökologischer Gesichtspunkte – und zwar vor Erteilung der Baugenehmigung.

the minimum use of energy-wasting air conditioning, for example, has become a standard feature of briefs for nearly all public buildings, large or small. This, then, was the challenge for those architects invited to enter the competition: to design one of the first naturally lit and naturally ventilated skyscrapers in the world.

The directors of Commerzbank were more than happy to comply with these conditions. In theory at least, an energy-efficient building would be cheaper to run, but more importantly, in the words of the competition brief, "through the creation of an ecologically sound building, we have the chance to portray ourselves as an innovative Bank which takes its social responsibility seriously". Competitors were left in no doubt about the criteria for assessment of the entries. The brief specifically encouraged almost every kind of energy-saving strategy – minimum external envelope, passive solar heat gain, natural light and ventilation, innovative mechanical engineering systems and so on.

But there were other important ideas embodied in the brief. Apart from the usual quantitative data – a usable floor area of around 70,000 square metres, parking provision for 300 cars and an anticipated height of some 260 metres – there was a requirement to provide a new public area on the site and a suggestion that roof gardens might be used to compensate for the inevitable loss of open space. There was also an intriguing suggestion that common areas might be distributed around the building, each serving a limited number of office floors. It was this idea that was to give rise to one of the most important distinguishing features of the winning design.

In February 1991, the brief was distributed to 12 invited design teams, nine from Germany, two from the USA and one from Britain. The deadline was 3 June. The schemes were presented anonymously and the jury undertook a long and complicated evaluation process. Only two schemes, by Christoph Ingenhoven of Germany and Foster and Partners of Britain, were deemed to have fully satisfied the brief, and these architects were invited to make a further personal

Transparency to light and to views was central to the building's design from the beginning.

Transparenz und eine ungehinderte Aussicht aus den Büros waren von Anfang an die Hauptcharakteristika des Gebäudes.

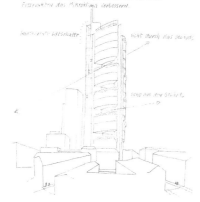

In Deutschland ist die Energieeffizienz von Gebäuden ein vieldiskutiertes Politikum. So ist zum Beispiel der minimierte Einsatz von Klimaanlagen zur Reduktion des Energieverbrauchs fester Bestandteil vieler Wettbewerbsausschreibungen geworden. Die größte Herausforderung für die Architekten, die an dem Wettbewerb teilnehmen wollten, bestand folglich darin, den Entwurf für das erste natürlich belüftete und beleuchtete Hochhaus der Welt vorzulegen.

Der Vorstand der Commerzbank schloß sich den Forderungen der Stadt an, da zumindest auf dem Papier ein energiesparendes Gebäude wirtschaftlicher ist. Noch wichtiger war jedoch, daß sich die Bank, wie es in der Ausschreibung formuliert wurde, „durch den Bau eines umweltfreundlichen Gebäudes . . . als innovative Bank darstellen" konnte, „die ihre gesellschaftliche Verantwortung ernst nimmt." Die Kriterien der Wettbewerbsjury waren eindeutig: minimale Außenhülle, passive solare Wärmegewinnung, natürliche Beleuchtung und Belüftung sowie der Einsatz eines innovativen Haustechnikkonzeptes.

Die Ausschreibung enthielt die üblichen Zahlenangaben, wie zum Beispiel eine Bruttogeschoßfläche von circa 70.000m², Parkplätze für 300 PKW und eine maximale Gebäudehöhe von 260 Metern. Darüber hinaus beinhaltete die Ausschreibung noch eine Reihe weiterer wichtiger Aspekte, so beispielsweise die Forderung, Teile der Räumlichkeiten für die Öffentlichkeit zugänglich zu machen und den Vorschlag, den durch den Bau bedingten Verlust an Grünfläche möglicherweise durch Dachgärten auszugleichen. Die Idee, anstelle einer zentralen Pausenzone, kleinere, jeweils mehrere Stockwerke verbindende Treffpunkte zu schaffen, war die entscheidende Neuheit des Entwurfs, der sich schließlich im Wettbewerb durchsetzen sollte.

Im Februar 1991 wurden insgesamt zwölf ausgewählte Architekturbüros zum Wettbewerb eingeladen, neun deutsche Büros, zwei amerikanische und ein englisches Büro. Abgabetermin war der 3. Juni, und anschließend wurden alle Arbeiten von der Jury einem langwierigen und anonymen Beurteilungsprocedere unterzogen. Die Büros von Christoph Ingenhoven und von Foster and Partners wurden schließlich zu einer persönlichen Präsentation eingeladen, denn nur diese beiden Büros hatten alle Vorgaben der Ausschreibung erfüllt. Aus der zweiten Beurteilungsphase ging der Entwurf von Foster als Sieger hervor.

presentation. After careful consideration the Foster scheme was declared the winner.

The competition entry had been prepared with the help of structural engineers Ove Arup & Partners, who had collaborated with the Foster office many times before, and the services consultancy HL Technik, who were already well known in their native Germany for their work on energy-efficient and ecologically-responsive buildings. Their combined input had been critical to the design's success. This core team would grow rapidly as the design developed.

In the early stages of the development of the scheme, it became clear that one of the major factors influencing the design was not specific to the Commerzbank brief, but applied generally to all office buildings in Germany. This was the requirement that every work station should be close to a window with a view out. Deep plans, with permanent, artificially-lit office areas cut off from visual contact with the outside world, were totally unacceptable.

This limitation would have a profound effect on the form and structure of the new building. A

Zur Entwurfsplanung waren die Ingenieure Ove Arup & Partners und die Beratungsgesellschaft für Haustechnik, HL-Technik, hinzugezogen worden. HL-Technik war in Deutschland bereits für Niedrigenergiehäuser und innovative, umweltverträgliche Haustechnikkonzepte bekannt. Die gute Zusammenarbeit der drei Büros, in einem später noch expandierenden Team, war grundlegend für den Erfolg des Entwurfs.

Bereits zu Beginn der Planung wurde deutlich, daß einer der Haupteinflußfaktoren gemeinhin für deutsche Bürogebäude gilt und nicht etwa nur für die Commerzbank: Jeder Arbeitsplatz muß Bezug zum Tageslicht haben und den Blickkontakt mit der Außenwelt ermöglichen. Künstlich beleuchtete Büroräume im Gebäudeinnern, ohne Blickkontakt mit der Außenwelt, sind nach deutschem Recht nicht zulässig.

Diese Auflage sollte sich auf die Form und Struktur von Bürohochhäusern auswirken, denn je höher ein Gebäude ist, um so schwieriger wird es, diese Vorgaben auch in ein gelungenes Design umzusetzen. Ein monolithischer Turm mit großen Geschoßflächen, wie er für New York typisch ist, kam also nicht in Frage. Ein schlanker Turm mit einem weniger tiefen Grundriß und einem zentralen Versorgungskern wiederum wäre zu unflexibel in der Nutzung gewesen und

As part of the competition submission, Norman Foster prepared a series of sketches *(far right and above)* that defined the key features of the design.

Norman Foster hatte für die Präsentation des Wettbewerbsentwurfs extra eine Serie von Zeichnungen erstellt, die die Hauptelemente des Entwurfs verdeutlicht *(ganz rechts und oben)*.

monolithic New York-style skyscraper, with large
floor plates, was effectively ruled out. But a slender, shallow-planned tower with a central structural core would be inflexible in use and inefficient in terms of the ratio of external wall-to-
floor area. One solution was the 'pinwheel' plan,
with projecting wings. This would provide more
area per floor but at the cost of an even less efficient enclosing envelope. But there was another
possible solution, and one that the Foster office
had used before, both in the Hongkong Bank
and in Century Tower, Tokyo: to introduce a central atrium providing some kind of view for the
'internal' office areas.

With this in mind, the designers began to
evaluate a range of plan-forms in relation to
the shape of the site. The proximity of the existing tower was the key factor. A rectangular
plan-form would have resulted in the two buildings facing each other across an uncomfortably
narrow gap. However, a triangular plan set up
a less confrontational relationship.

Adding passive environmental factors to
the equation, in particular the need to shade the
office areas from direct sun, produced a plan

hätte ein ineffizientes Verhältnis von Fassade zu Bruttogeschoßfläche aufgewiesen.

Eine Lösung für dieses Problem war zunächst
der sogenannte „Speichenrad" (Pinwheel)-Grundriß,
bei dem durch von einem zentralen Kern strahlenförmig ausgehende Gebäudeflügel mehr Geschoßfläche
pro Stockwerk gewonnen werden konnte – mit dem
Nachteil allerdings, daß sich die Fassadenfläche entsprechend vergrößerte. Es gab jedoch eine weitere
Option, die das Büro Foster bereits bei der Hongkong
Bank und dem Century Tower eingesetzt hatte: ein
zentrales Atrium, das auch den innengelegenen Büros
den geforderten Blickkontakt nach außen gestattet.

Die Architekten untersuchten eine ganze Reihe
von Grundrissen mit Atrium, die zur Grundstückform
paßten. Dabei war die Nähe zu dem bereits bestehenden und unmittelbar angrenzenden Turm entscheidend: Ein rechteckiger Grundriß hätte einen zu
geringen Abstand zum alten Turm zur Folge gehabt;
ein dreieckiger Grundriß dagegen garantierte eine
weniger scharfe Gegenüberstellung.

Wollte man auch die passiven Umweltfaktoren
berücksichtigen, kam der Verschattung der Büros
besondere Bedeutung zu. So wurden in einem dreieckigen Grundriß zwei zentral erschlossene Flügel mit
sich jeweils gegenüberliegenden Büros angeordnet.

with double aspect offices on two sides of the triangle, with common areas on the third south-facing side and a full-height atrium in the middle. Offices overlooking the atrium would have a view of the outside world through the glazed south wing.

Bearing in mind the comments in the brief about roof gardens and distributed common areas, it was envisaged that this south wing would incorporate three-storey-high gardens, with lifts at either end. Calculations revealed, however, that the heat gain from the sun was less than the heat gain from office equipment and lighting. The whole concept of an environmental 'buffer zone' on the south side of the building, provided by the common areas, was helpful but only solved part of the problem.

Meanwhile, various structural alternatives were being evaluated. It made sense for such a tall building to have as large a structural foot-print as possible, with vertical loads distributed around the perimeter rather than concentrated in a central core. A 'tube' is stiffer than a 'tree trunk', with less tendency to sway in the wind. But the problem with the tube concept was that the necessarily large and heavy structural members – columns, beams and possibly cross-bracing – would greatly reduce the openness and transparency of the external walls. Openness and transparency were essential to the three-storey garden idea, but introducing these open voids at intervals in the height of the building would negate the whole structural concept.

Only a week before the deadline for sub-mission of the competition entry, the developing design was still a mass of unresolved conflicts. And then came the breakthrough. It was clear that the tower would have a triangular plan and that it would incorporate multi-storey gardens. It was also assumed that the gardens would be on one side of the building only. And yet the justification for this – the creation of an environmental buffer zone – had been undermined. Why should there not be gardens on all three sides? Why not simply take the model of the tower,

Der dritte Flügel ist als Pausenzone nutzbar. Jeweils zwei der Flügel umschließen ein Atrium, welches den anliegenden Büros den Ausblick auf die Umgebung erlaubt.

Um die in den Wettbewerbsunterlagen beschriebenen Dachgärten und die über das Gebäude verteilten Pausenzonen realisieren zu können, versuchte man, im Entwurf an der Südseite dreistöckige, innenliegende Gärten mit Fahrstühlen an beiden Enden zu integrieren. Berechnungen ergaben jedoch, daß die durch die Sonneneinstrahlung entstehenden Wärmelasten im Vergleich zu den durch Büromaschinen und Beleuchtung entstehenden vernachlässigbar sind. Das Konzept der Pausenzonen als „Klimapuffer" an der Südseite des Gebäudes war zwar einleuchtend, löste das Problem der Wärmelasten aber nur teilweise.

Daraufhin wurden eine Reihe von Tragwerksalternativen untersucht. Dies führte zu der Erkenntnis, daß ein derart hoher Turm sinnvollerweise einen möglichst großen Tragwerksfuß haben sollte, um die vertikalen Lasten am Rand abzutragen und nicht auf den Kern zu konzentrieren. Durch die Konstruktion einer Röhre läßt sich eine höhere Biegesteifigkeit und geringere Windempfindlichkeit erzielen als mit einem „Baumstamm". Das einzig problematische am Röhrenkonzept war, daß die Transparenz und Offenheit der Außenwände durch die notwendigerweise großen und schweren Tragwerkstäbe wie Stützen, Träger und Kreuzstreben stark beeinträchtigt würden. Würde man jedoch große Öffnungen für die Gärten jeweils in Intervallen aus dem Röhrentragwerk schneiden, liefe man Gefahr, das Tragwerkkonzept zunichte zu machen.

Noch eine Woche vor Wettbewerbsabgabe bestand das Planungskonzept aus einer Reihe ungelöster Fragen, bis man plötzlich zu einer bahnbrechenden Einsicht kam: Klar war bis dahin, daß das Gebäude einen dreieckigen Grundriß mit integrierten dreistöckigen Gärten auf der Südseite der Fassade haben sollte, obwohl sich die dem zugrundeliegende Idee des Klimapuffers als falsch erwiesen hatte. Warum also sollte man nicht auf allen drei Seiten Gärten anordnen? Was sprach dagegen, das Gebäude in dreistöckige Abschnitte einzuteilen und diese Abschnitte so zu drehen, daß sich die Gärten spiralförmig um das Gebäude winden?

The competition design was noticeably rounded in plan and included the so-called 'fish tail' for the lifts.

Der Grundriß des Wettbewerbsentwurfs hatte deutlich vorgewölbte Fassaden und einen Anbau für die Aufzüge, den sogenannten „Fishtail".

cut it into three-storey-high sections and rotate each section so that the gardens were distributed in a spiral pattern around the perimeter?

The new idea seemed to resolve all the conflicts at once. Most of the vertical loads could now be concentrated at the three corners, with the offices bridging between them, supported by a structural monocoque on the outside and long beams on the atrium side. The gardens could be completely open and column-free and, because of the spiral pattern, structural stiffness would be maintained.

But this was more than just a structural solution. It meant that the whole building became a lucid spatial diagram. Internal space was unlocked and opened up to the exterior in every direction. Daylight penetrated the atrium from all angles, creating a live, luminous, quasi-external shaft of space. Wherever you were in the building, even in the internal offices, there

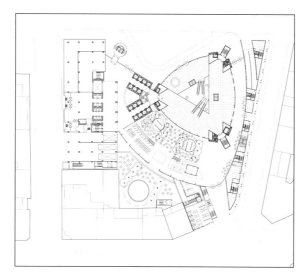

The combination of tower, perimeter buildings and public plaza in its earliest form.

Der Turm, die Randbebauung und die Plaza in einer frühen Entwurfsphase.

would be a view of the outside world through one or more of the gardens.

There were environmental engineering benefits too. Windows in the glazed walls of the gardens could be opened to admit fresh air to the atrium, and there would be efficient cross-ventilation whatever the direction of the wind. Even the external profile of the building was improved, the three sides of the triangle rising

Durch diese neue Idee schienen alle Probleme gelöst zu sein. Der Großteil der vertikalen Lasten wird über die drei Ecken abgetragen, die Bürozonen überspannen den Zwischenraum frei: an der Atriumseite durch Stützen und an der Außenseite durch Träger in Schalenbauweise getragen. Die Gärten können so völlig offen und ohne Stützen realisiert werden, denn durch die spiralförmige Anordnung der Gärten wird die Steifigkeit des Gebäudes gewährleistet.

Dies stellte mehr als nur eine Lösung für das Tragwerk dar: Das gesamte Gebäude ist durch diese neue Anordnung zum lichtdurchfluteten Raum geworden und öffnet sich rundum nach außen. Das von allen Seiten in das Atrium einfallende Tageslicht erzeugt einen lebendigen, hellen Innenhof, lediglich von Glasböden unterteilt, so daß man den Eindruck bekommt, unter freiem Himmel zu stehen. Überall im Gebäude, selbst in den innenliegenden Büros, hat man durch die Gärten an den jeweils anderen beiden Seiten des Dreiecks Aussicht auf die Umgebung.

Auch unter dem Aspekt der Umweltverträglichkeit bot die neue Idee Vorteile. Die öffenbaren Fenster in den Glasfassaden der Gärten erlaubten eine natürliche Belüftung im Atrium mit ausreichender Querlüftung bei allen Windverhältnissen. Durch die abgestufte Höhe der drei Gebäudeflügel entstand

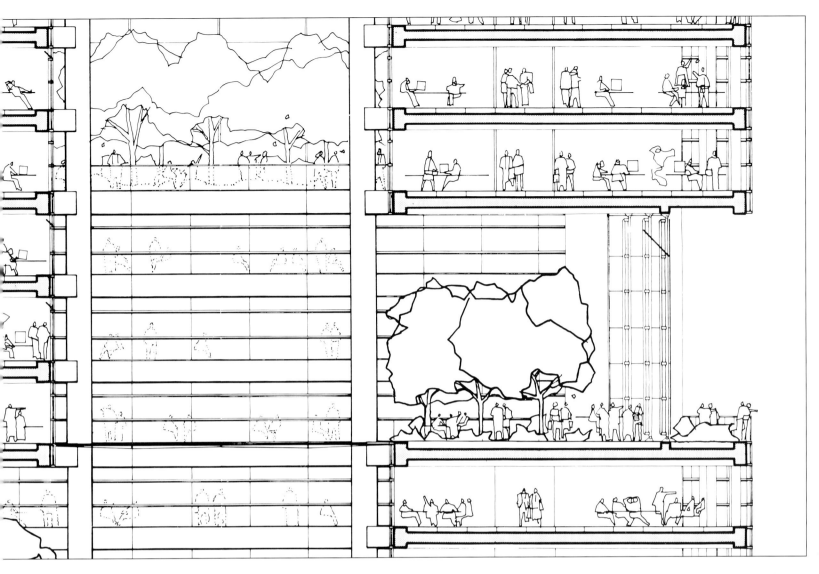

to different heights to create an elegant, tapering silhouette.

The diagrammatic clarity of what became the competition-winning concept was compromised in one respect. The triangular plan was symmetrical, with internal cores in each corner containing escape stairs and vertical service ducts. The lifts, however, were housed in an appendage nicknamed the 'fish tail', forming a servant tower on the west side of the new building next to the existing headquarters. At this stage, it was envisaged that the old building might, at some time in the future, be replaced by a second triangular tower which would plug into the fish tail and share the lifts.

In the subsequent development of the design, after the competition had been won, it soon became clear that the fish tail was a less than ideal arrangement. The proposed 'main line and branch line' lift system, with one bank of lifts stopping every nine floors and another reserved solely for local journeys, proved to be inadequate to cope with the traffic. In short, there were too few lifts. Additionally, the fish tail tower was proving to be an expensive item

eine elegante, konische Silhouette, die auch das äußere Erscheinungsbild des Gebäudes verbesserte.

Der Entwurf, der Foster and Partners am Ende als Gewinner aus dem Wettbewerb hervorgehen ließ, machte jedoch einen Kompromiß, der die grafische Klarheit des architektonischen Konzepts aufweichte. Der Grundriß des Gebäudes entsprach einem gleichseitigen Dreieck mit Kernen in den drei Ecken, in denen die Fluchttreppen und vertikalen Versorgungsleitungen verliefen. Weil man davon ausging, daß das alte angrenzende Commerzbankgebäude durch einen weiteren Turm ersetzt werden würde, brachte man die Aufzüge in einem separaten Versorgungsturm in einem Anbau an der Westseite unter, dem sogenannten „Fishtail", um später die Gebäude durch eine gemeinsame Nutzung der Aufzüge verbinden zu können. Während der weiteren Entwicklung, nachdem Foster and Partners den Wettbewerb bereits gewonnen hatten, erwies sich der Fishtail jedoch als ein völlig ungeeignetes Konzept für die vertikale Versorgung. Der Vorschlag, die Aufzugsversorgung durch eine schnelle und eine langsame Aufzugsgruppe zu gewährleisten, wobei eine alle neun Stockwerke und die andere in jedem halten sollte, erwies sich als nicht bedürfnisgerecht. Für nur einen Aufzugsturm waren die Geschoßflächen und die

The gardens were three storeys high throughout the early stages of the design, changing to four storeys only as part of a major design review in October 1992.

In der frühen Entwurfsphase waren dreistöckige Gärten geplant; erst bei einer grundlegenden Überarbeitung des Entwurfs im Oktober 1992 entschied man sich für vierstöckige Gärten.

A presentation model of the final design, prepared after the review of October 1992. The most visible change is the reduction in the number of office 'villages' from four to three, though each was now increased in height from nine to 12 storeys.

Dieses Modell wurde für die Präsentation nach der Überarbeitung im Oktober 1992 gebaut. Am meisten fällt auf, daß die Anzahl der sogenannten „Bürodörfer" von vier auf drei reduziert wurde, wobei allerdings die Anzahl der Stockwerke pro Dorf von neun auf 12 Stockwerke erhöht wurde.

because of the relatively large area of external envelope, which in turn meant greater heat loss and reduced energy efficiency.

It was also a structural liability, since it spoiled the aerodynamic shape of the tower and created additional stresses under wind load. Finally, it had grown too large and crept too close to the existing building, complicating the design of the foundations and creating a dangerously windy microclimate between the two towers. The solution was to redistribute the lifts within the three corners of the main tower. At a stroke, the ratio of net-to-gross floor area was improved, circulation routes were shortened and an expensive appendage was eliminated.

The development of the design was now practically complete and all major conflicts had been resolved. Except one: it was too expensive. The cost plan had been exceeded and the client insisted that savings be made. The architects' response was typically radical. Rather than make piecemeal adjustments to the existing scheme, they decided to rethink the whole problem – if only to convince themselves that the triangular perforated-tube strategy was the right one.

No fewer than eight new schemes were proposed and tested in the light of knowledge gained during the development process. Two feasible alternatives were selected for further development: a more refined version of the competition scheme, and a scheme with a solid central core and gardens in the corners of the triangle. The central core option proved to be the cheaper, but it had little of the spatial excitement or environmental efficiency of the perforated tube. Losing the atrium was too great a sacrifice, for both architect and client, and it was decided that work should proceed on the further refinement of the original design.

Much of the effort was concentrated on improving the ratio of net-to-gross floor area. The mechanical services were redesigned, with plant rooms centralised rather than distributed around the building, and the vertical circulation system was altered once again. The lifts were now organised into three groups, each serving

entsprechend zurückzulegenden Wege zu groß. Zudem nahmen die Wärmeverluste zu und die Energieeffizienz ging zurück.

Der Anbau führte zu einer Beeinträchtigung der aerodynamischen Form des Gebäudes, vergrößerte die Windlasten und hatte somit negative Auswirkungen auf das Tragwerk. Zudem ließ er das neue Gebäude zu groß erscheinen und reichte zu nahe an den bestehenden Turm heran, was zu einem gefährlichen Mikroklima zwischen den beiden Hochhäusern geführt hätte. Das Problem wurde gelöst, indem man die Aufzüge auf die drei Ecken des Hauptturms verteilte. So konnten mehrere Fliegen mit einer Klappe geschlagen werden: das Verhältnis von Bruttogeschoßfläche zu Hauptnutzfläche wurde verbessert, die Verkehrsstrecken verkürzt und ein kostenintensiver Anbau vermieden.

Der Entwurf für den Wettbewerb war damit nahezu fertiggestellt, und alle wichtigen Probleme waren gelöst, bis auf eins: der Entwurf war zu teuer. Das vorgegebene Budget war überschritten und der Auftraggeber verlangte Einsparungen. Wie von den Architekten nicht anders zu erwarten, fielen die Maßnahmen radikal aus. Statt halbherzig an dem bestehenden Entwurf herumzukorrigieren, entschloß man sich, alles neu zu überdenken, und zusätzlich die Idee der dreieckigen, durchbrochenen Röhre zu überprüfen.

Acht neue Entwürfe wurden entwickelt und beurteilt. Zwei von diesen wurden zur weiteren Bearbeitung ausgewählt: zum einen eine Weiterentwicklung des Wettbewerbsentwurfs und ein Entwurf mit einem zentralen Kern und Gärten in den äußeren Ecken des dreieckigen Grundrisses.

Die Lösung mit dem Zentralkern erwies sich zwar als kostengünstiger; sie hatte aber den Nachteil, daß sowohl das überwältigende Raumgefühl, als auch die erreichte Energieeffizienz der durchbrochenen Röhre verlorengegangen waren. Sowohl der Auftraggeber als auch die Architekten empfanden den Verzicht auf das Atrium als zu großen Verlust. So wurde beschlossen, doch den ursprünglichen Wettbewerbsentwurf zu optimieren.

Ein Hauptziel war hierbei die Verbesserung der Relation von Bruttogeschoßfläche zu Hauptnutzfläche. Das Haustechnikkonzept mußte dazu völlig neu konzipiert werden: Die bisher über das Gebäude verteilten dezentralen Technikräume wurden an einer

To test the validity of the final design, an alternative proposal with a central core was studied.

Um den endgültigen Entwurf zu testen, wurde als Alternative auch ein Modell mit einem zentralen Kern untersucht.

In the final design, the entrance from Kaiserplatz is via a modest flight of steps protected by a soaring glass canopy.

Vom Kaiserplatz betritt man das Gebäude über einen schlichten Glasaufgang, hier ein Modell des gebauten Entwurfs.

consecutive floors that made up approximately one-third of the building. This meant that the space above lift shafts serving only the lower floors of the building, or the space between lift shafts not used as lift lobbies, could be used instead for other core functions such as secondary plant rooms, lavatories and other service areas, or as meeting rooms.

The structural system was also re-examined and the original proposal for precast-concrete beams incorporating horizontal service ducts was replaced by a simpler and cheaper all-steel solution. This involved further simplification of the services distribution system. There were also subtle adjustments to the footprint and plan-form of the building, resulting in a slight straightening of the curved facades.

The most radical change, however, was a redistribution of the garden spaces. The vertical group of office floors that encompassed one 'spiral' of gardens, which had come to be known as a 'village', was increased in height from nine to 12 storeys and was now clearly separated from its neighbours by intermediate glass 'decks' across the atrium. This not only effected economies in the structure and enclosing envelope, but also improved the daylighting and natural air flow in the atrium, since the gardens separating the villages were now four, not three storeys high.

The buildings at the foot of the tower also underwent a radical redesign. Early versions of the scheme envisaged a deep basement beneath the tower to accommodate plant rooms and a car park, but developments in the design of the foundations eventually ruled this out. To reduce the depth of the basement, the car park was moved into a new, seven-storey perimeter block along Kirchnerstraße and the 'ground floor' of the tower was raised almost a storey height above street level.

In the final design, the foot of the tower is almost completely concealed by low buildings which maintain the continuity and scale of the surrounding streets. To the south and west the existing buildings have been retained, while to

Stelle konzentriert. Die Aufzüge wurden in drei Gruppen eingeteilt, von denen jede nur jeweils einen bestimmten vertikalen Abschnitt des Gebäudes zu versorgen hat. Dadurch konnten der Raum oberhalb der Aufzugsschächte für die unteren Stockwerke und die ungenutzten Aufzugsvorräume zwischen den Haltepunkten für andere Versorgungszwecke genutzt werden, wie zum Beispiel für Toiletten und kleinere Technik- oder Konferenzräume.

Auch das Tragwerkkonzept wurde überarbeitet, die ursprünglich geplanten vorgefertigten Betonstützen, die die Leitungen für die Horizontalversorgung enthalten sollten, wurden durch einfachere und billigere Stahlstützen ersetzt. Das bedeutete allerdings, daß das Versorgungsnetz noch weiter vereinfacht werden mußte, und am Gebäudefuß und Grundriß leichte Veränderungen vorgenommen werden mußten, welche die Auswölbung der Fassade etwas reduzierten.

Die grundlegendste Veränderung jedoch bestand in der neuen Anordnung der Gärten. Die Anzahl der zu einem sogenannten „Dorf" zusammengefaßten, klar vom nächsten Gebäudeabschnitt getrennten Stockwerke wurde von 9 auf 12 erhöht. Hierdurch senkte man nicht nur die Kosten für das Tragwerk und die Hülle, sondern verbesserte auch die Tageslichtverhältnisse und die Luftzirkulation innerhalb des Atriums, da die Gärten zwischen den einzelnen Dörfern jetzt nicht mehr nur drei- sondern vierstöckig waren.

Auch die Gebäude am Fuß des Turms wurden völlig neu überdacht. Zu Beginn der Entwurfsphase war zur Unterbringung der Technikräume und des Parkhauses unter dem Turm ein tiefer Keller vorgesehen. Auf Grund von Veränderungen am Gründungsentwurf konnten diese Pläne jedoch nicht realisiert werden. Um mit weniger Kellergeschossen auszukommen, wurde das Parkhaus in einem neuen, siebenstöckigen Gebäude der Randbebauung an der Kirchnerstraße untergebracht, die Eingangsebene wurde angehoben und liegt nun fast ein Geschoß über dem Niveau der umliegenden Straßen.

Im abschließenden Entwurf ist der Fuß des Turms fast vollständig von niedrigen Gebäuden verdeckt, die den Maßstab und die Kontinuität der alten Bebauung aufgreifen. An der Süd- und Westseite des Bauplatzes wurde die alte Bausubstanz erhalten, während die neue Blockrandbebauung an der Ostseite, in der Wohnungen, Geschäfte und das Parkhaus unter-

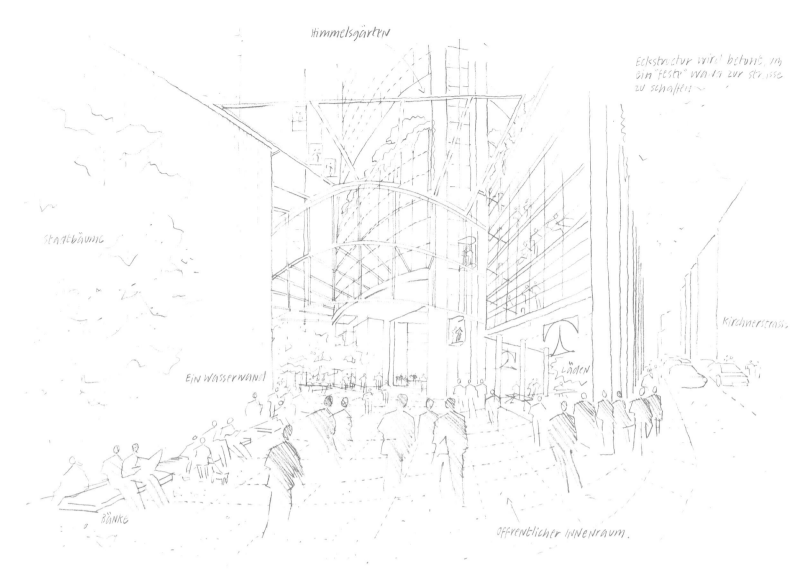

Himmelsgärten

stadtbäume

Ein Wasserwand

Bänke

öffentlicher Innenraum.

Eckstruktur wird betont, um ein "festr" Wand zur strasse zu schaffen

Kirchnerstrass.

Läden

the east the new perimeter block – which contains apartments and shops as well as the car park – reinstates the building line along Kirchnerstraße. On the north side of the site, a broad flight of steps leads up to an open piazza in front of the main entrance to the tower.

On its west side, the new piazza is defined by the gently curving wall of a new conference centre and auditorium. The wall continues past the corner of the tower, wrapping right round the south side of the building and eventually merging with the back wall of the Kirchnerstraße block. It creates a dynamic, curved and tapering public space, part of which is covered by a radiating glazed roof structure and is used as a public restaurant. Kitchens and service yards occupy the space between the curved wall and the existing buildings to the south.

The restaurant can be reached from the piazza on the north side, from the entrance lobby at the foot of the tower, or from Kaiserplatz to the south – via a new glass-roofed flight of steps. In effect, a new public thoroughfare has been created across the very heart of the site, enlivening the street life of the old city.

gebracht sind, die alte Bebauungslinie in der Kirchnerstraße wiederhergestellt. An der Nordseite des Grundstücks führt eine breite Freitreppe zu einem Platz vor dem Haupteingang des Turms.

Auf der Westseite wird dieser Platz von der leicht geschwungenen Wand des Konferenzzentrums und Veranstaltungssaals begrenzt. Die Wand wurde über die Ecke des Turms hinaus vorgezogen, um die Südseite des Gebäudes herumgeführt und trifft dort auf die Rückwand der Randbebauung in der Kirchnerstraße. Diese Wand schafft einen dynamischen, geschwungenen, spitz zulaufenden Raum, der teilweise von einer strahlenförmigen, verglasten Dachstruktur überspannt wird. Hier ist ein Restaurant untergebracht, das auch der Öffentlichkeit zugänglich ist. Die Küche und die Versorgungseinrichtungen befinden sich in dem Raum zwischen der geschwungenen Wand und dem bestehenden Gebäude an der Südseite des Grundstücks.

Das Restaurant hat mehrere Eingänge, einen an dem Platz an der Nordseite, einen durch die Lobby am Fuß des Turms und außerdem über den neuen Glasaufgang. Der öffentliche Durchgang vom Kaiserplatz zur Großen Gallusstraße, das Herzstück der Eingangsebene, wird diesen Teil der Stadt sicherlich sehr beleben.

As Norman Foster's competition sketch shows, it was first assumed that the main entrance lobby would be at street level.

Wie man auf der Wettbewerbsskizze von Norman Foster erkennen kann, war man zunächst davon ausgegangen, daß sich die Eingangshalle im Erdgeschoß befinden würde.

Previous page. Seen from the tower of the Dom, the new Commerzbank building is the most prominent in a series of skyscrapers that has led many locals to refer to Frankfurt as 'Mainhattan', Germany's answer to New York. In reality, Frankfurt is a small city blessed with a number of green spaces, as these views from the park next to Richard Meier's Museum for the Decorative Arts *(left)* and from the Obermainbrücke *(right)* demonstrate.

Vorhergehende Seite. Vom Turm des Doms aus gesehen, sticht der neue Commerzbankturm aus der Gruppe der Hochhäuser heraus. Die vielen Hochhäuser haben Frankfurt den Spitznamen „Mainhattan" eingebracht. Eigentlich ist Frankfurt aber eine überschaubare Stadt, die Gott sei Dank über eine Reihe von Parks verfügt, wie diese Bilder vom Park bei Richard Meiers Museum für Kunsthandwerk *(links)* und von der Obermainbrücke aus *(rechts)* zeigen.

Close to the city's historic centre, the new Commerzbank building dominates the view from the south side of the River Main *(below)* and from the Eisener Steg *(right)*, the old pedestrian bridge across the river.

Auf Grund seiner Lage am Rand der Altstadt dominiert der neue Commerzbankturm den Blick vom südlichen Mainufer *(unten)* und von der alten Fußgängerbrücke, dem Eisernen Steg *(rechts)*.

The view from the Zeilgalerie *(left)*
– a recent addition to Frankfurt's
bustling shopping street, the Zeil
– with St Katherine's Church and
the Hauptwache in the foreground.
Once the city's main police station,
the Hauptwache *(right)* is now a
pleasant café.

Der Blick von der Zeilgalerie *(links)*,
einer Ladenpassage auf der Zeil; im
Vordergrund die Katharinenkirche und
die Hauptwache. Die ehemalige Polizei-
wache *(rechts)* ist heute ein Café.

From the west, whether seen from the Goethe memorial on Gallusanlage *(left)* or the roof of the nearby Dresdner Bank building *(right)*, the new Commerzbank tower becomes part of an overall composition that encompasses the old white headquarters building of the 1950s and the more recent tower of the late 1960s.

Blick von Westen. Sowohl vom Goethedenkmal in der Gallusanlage als auch vom Dach des nahegelegenen Dresdnerbankgebäudes gesehen, bildet der neue Commerzbankturm zusammen mit dem alten weißen Gebäude der Hauptverwaltung aus den 50er Jahren und dem Hochhaus aus den späten 60er Jahren ein interessantes Gefüge.

Looking down from the roof of the nearby Euro Tower *(left)*, the interrelationship of the new tower, the public plaza and the perimeter buildings can be fully understood. Located at the heart of the site, the main entrance lobby can be approached via an imposing flight of steps from Große Gallusstraße to the north, or a more modest covered stairway from Kaiserplatz *(right)* to the south.

Wenn man vom Dach des benachbarten Euroturms auf die Blockrandbebauung und die Plaza herunterblickt, versteht man, wie diese mit dem Turm in Verbindung stehen. Die öffentliche Plaza bildet das Herzstück des Komplexes und hat zwei Eingänge: einen im Norden über eine imposante Freitreppe an der Großen Gallusstraße und einen schlichteren, überdachten Aufgang vom Kaiserplatz im Süden *(rechts)*.

Photographed shortly after the building's handover, and with a cleaning cradle in operation, the building's east elevation rises above Goetheplatz *(right)* to shine in the early morning sunlight.

Dieses Bild wurde kurz nach der Übergabe des Turms vom Goetheplatz aus aufgenommen; das frühe Morgenlicht wird auf der östlichen Fassade reflektiert, an der gerade eine Fassadenbefahranlage hinabgleitet.

The Project

Das Projekt

17 September 1995. Seen from the same vantage point as Foster and Partners' earlier montage *(on page 12)*, the first levels of the new tower's steel frame can be seen rising above the city's historic centre.

17. September 1995. Dieses Bild wurde vom gleichen Standort aufgenommen wie die Montage des Foster Büros auf Seite 12. Die ersten Geschosse des Stahltragwerks wachsen bereits über die historische Bebauung hinaus.

On 3 June 1991, after a radical last-minute rethink of the design, Foster and Partners' completed entry for the Commerzbank competition was packed up and ready to go. But time was running out. The only possible way to meet the deadline was to fly the package from London to Frankfurt in Norman Foster's private aircraft. Even then, there would only just be enough time to get the package from the airport to the collection point. Fortunately, the courier arrived in good time and after a frantic dash across town, the entry was finally checked in with minutes to spare. Had the wind been blowing in another direction that day, the skyline of Frankfurt might now look very different.

There were eleven other competitors, nine German practices plus the American giants Skidmore, Owings & Merrill and Pei Cobb Freed & Partners. These had been chosen after a prequalification procedure involving 35 architectural practices. It was a single stage competition and the entries had been prepared on the basis of a detailed brief which had, in turn, been based on a comprehensive study of the whole Commerzbank organisation carried out in 1989.

Architectural design was only one of many criteria for judging the entries. Environmental friendliness, energy efficiency, urban planning goals, space requirements and economic viability had all been analysed in advance and expressed in the form of clear quantitative and qualitative parameters which were to be applied strictly and objectively by the competition jury. In short, the Commerzbank project management team had done its homework, knew exactly what it wanted and would not be content with a decision based solely on architectural or stylistic prejudices.

For this reason, as well as architects, the competition jury included experts in office organisation, building construction, structural engineering, fire protection, lift planning, urban planning and construction law. The comprehensive evaluation process took four weeks to complete, after which time Foster and Partners was declared the winner, with the German architect Christoph Ingenhoven in second place.

Nach einer grundlegenden Umgestaltung war der Entwurf von Foster and Partners schließlich ausgearbeitet, um am 3. Juni 1991 vorgelegt werden zu können. Aber nun wurde die Zeit knapp. Die einzige Möglichkeit, den Termin noch einzuhalten, war, den Entwurf mit Sir Norman Fosters Privatflugzeug nach Frankfurt zu fliegen. Doch selbst dann blieb nur wenig Zeit, das Paket vom Flughafen zum Abgabeort zu transportieren. Der Kurierdienst wartete bereits am Flughafen, und nach einer regelrechten Jagd durch die Innenstadt kam der Entwurf Minuten vor Ablauf der Frist an. Hätten an diesem Tag andere Windverhältnisse geherrscht, sähe die Frankfurter Skyline heute womöglich ganz anders aus.

Nach einer Vorauswahl, an der 35 Architekturbüros beteiligt waren, hatte sich die Commerzbank dazu entschieden, zwölf Büros zu einem einstufigen Wettbewerb einzuladen: neben dem englischen Büro Foster and Partners, neun deutsche Büros sowie die zwei renommierten amerikanischen Büros Skidmore, Owings & Merrill und Pei Cobb Freed & Partners. Die Entwürfe waren nach den Vorgaben eines sehr detaillierten Briefings erstellt worden; dieses wiederum basierte auf einer umfassenden Studie der gesamten Commerzbankstrukturen aus dem Jahre 1989.

Die architektonische Gestaltung war nur eines unter vielen Bewertungskriterien. Faktoren wie Umweltverträglichkeit, geringer Energieverbrauch, städtebauliche Einbindung, Raumbedürfnisse und Wirtschaftlichkeit waren alle im voraus untersucht worden und wurden nun als qualitative und quantitative Beurteilungskriterien herangezogen. Kurz gesagt: Das Projektmanagementteam der Commerzbank war gut vorbereitet, wußte genau was es wollte und hätte sich mit einem ausschließlich architektonischen oder stilistischen Entwurf nicht zufriedengegeben.

Die Jury bestand deswegen nicht nur aus Architekten, sondern auch aus Stadtplanern, Fachleuten für Büroorganisation, Tragwerksplanung, Baukonstruktion, Aufzugsbau, Brandschutz, Haustechnik und Baurecht. Die eigentliche Beurteilung der Entwürfe nahm vier Wochen in Anspruch, und aus diesem langwierigen Prozeß gingen Foster and Partners als Sieger hervor; der deutsche Architekt Christoph Ingenhoven belegte den zweiten Platz.

Zu Beginn des Projekts hatte man bei der Commerzbank überlegt, einen unabhängigen Projekt-

In the early feasibility stages of the project, Commerzbank had considered bringing in an independent project manager to oversee the building procurement process. Early contacts had proved unpromising, however, and instead, drawing on in-house expertise, a subsidiary company was set up to represent the client's interests under the name of Nervus Generalüber-nehmer GmbH. It was Nervus's job to organise the letting of contracts, set up quality control procedures and oversee the development of the winning design. Over the following months they ensured that every aspect of the scheme was re-examined by small teams of specialists, includ-ing the eventual users of the building.

Optimising energy efficiency was one of the main aims. Ventilation – both natural and mechanical – heating, cooling, solar protection, the impact of daylight and artificial lighting were all subjected to rigorous tests. Models were used for wind-tunnel tests, smoke extract simu-lations and dynamic structural analyses, and a full-size mock-up of half of one of the office wings was used to test the installation of every-thing from partitions and cladding panels to ducts and cables. In all, between 1992 and 1994, about 120 technical reports were prepared at Nervus's instigation, resulting in the predicted values for energy consumption in the new tower being reduced by about 30 per cent in compari-son with conventional office buildings.

With a total investment and construction budget of around 600 million Deutschmarks, controlling the cost of the project was obvious-ly a major concern. But this did not just mean making the building as cheap as possible. Opti-mising economic efficiency might be a better description of the process than simple cost con-trol. Nervus adopted a sophisticated cost-in-use analysis method to monitor the development of the detailed design.

Savings in capital costs were always check-ed against the effect on running costs over the life of the building. Increasing construction costs by 10 per cent, for example, though slightly increasing annual capital costs, might result in

manager zur Beaufsichtigung des Vergabeprozesses mit einzubeziehen. Anfängliche Bemühungen waren jedoch wenig erfolgversprechend verlaufen. Man wollte sich daher lieber auf die Kenntnisse der Fach-leute im eigenen Hause verlassen und gründete zur Interessenvertretung des Bauherrn die Tochtergesell-schaft Nervus Generalübernehmer GmbH. Die Auf-gabe von Nervus war es, die Planungsaufträge zu erteilen, die Qualitätskontrolle durchzuführen und die Entwicklung des siegreichen Entwurfs zu kontrol-lieren. In den darauffolgenden Monaten setzte Nervus kleine Expertenteams ein, deren Aufgabe es war, unter Einbeziehung der eigentlichen Nutzer des Gebäudes, alle Aspekte des Entwurfs zu untersuchen.

Die Optimierung der Energienutzung war eine der wichtigsten Vorgaben für den Bau. Sowohl die natürliche als auch die mechanische Belüftung, Hei-zung, Kühlung, Sonnenschutz, Tageslichteinfall und künstliche Beleuchtung wurden genaustens analysiert. Modelle wurden im Windkanal getestet, und für Ent-rauchungssimulationen und dynamische Struktur-analysen eingesetzt; an einem Modell eines halben Bürogeschosses im Maßstab 1:1 wurde die Montage aller Bauteile von Fassadenpaneelen bis hin zu Kabeln erprobt. Insgesamt wurden auf Veranlassung von Nervus zwischen 1992 und 1994 ca. 120 technische Berichte erstellt – mit dem Resultat, daß der Energie-verbrauch des Turms voraussichtlich 30 Prozent unter dem konventioneller Bürohäuser liegen wird.

Die Kostenkontrolle war bei diesem Projekt mit einem Investitions- und Gesamtbudget von fast 600 Millionen DM ein wichtiges Anliegen. Das bedeutete aber nicht, daß das Gebäude so billig wie möglich erstellt werden sollte. Es handelte sich eher um eine Optimierung der Effizienz als lediglich um eine sture Kontrolle der Kosten. Nervus erarbeitete deshalb eine differenzierte Methode zur Analyse der Betriebs-kosten, mit deren Hilfe die Planungsentwicklungen im Detail kontrolliert werden konnten.

Die Einsparungen bei den Investitionskosten wurden immer gegen deren mögliche Auswirkungen auf die Betriebskosten des Gebäudes während der gesamten Standzeit abgewogen. Beispielsweise kön-nte eine Erhöhung der Baukosten um 10 Prozent die Betriebskosten durch die entsprechende Verbesserung der Gebäudequalität um fünf Prozent senken, also insgesamt eine Kostendämpfung erreichen. Während

a five per cent reduction in the annual running costs and the effect would be an overall saving. Numerous 'cost simulations' were carried out during the development period, with the result that the operating costs of the building are expected to be less than half those of the original headquarters.

The appointment of specialist design consultants was another factor critical to the smooth management of the project. Once the competition had been won, Nervus conducted a review of all consultants to identify the best people for the job in the long term. The outcome of this process was that the feasibility studies of Foster and Partners' original environmental services consultant, HL Technik, were taken over by Pettersson & Ahrens as mechanical engineers, Schad & Hölzel as electrical engineers and Jappsen und Stangier as lift planners. These were all local companies well known to Commerzbank, a quality considered essential for such an innovative project.

In order to avoid any delay in the development of the design while these consultants were being appointed, Foster and Partners brought in

der Entwicklungsphase wurden zahlreiche „Kostensimulationen" vorgenommen – mit dem Ergebnis, daß die errechneten Betriebskosten des Gebäudes gegenüber denen der alten Hauptverwaltung voraussichtlich um die Hälfte gesenkt werden konnten.

Im Sinne einer reibungslosen Zusammenarbeit legte man beim Projektmanagement besonderen Wert auf die Wahl geeigneter Fachplaner für Haustechnik. Um langfristig geeignete Partner auszuwählen, untersuchte die Commerzbank nach Abschluß der ersten Wettbewerbsphase alle Fachplaner auf ihre Eignung. Schließlich wurden ortsansässige Unternehmen, mit denen die Commerzbank bereits zusammengearbeitet hatte, für dieses extrem innovative Projekt ausgewählt. HL-Technik, das Haustechnikbüro mit dem das Büro Foster zunächst den Wettbewerb bearbeitet hatte, wurde durch die Firma Pettersson & Ahrens ersetzt, Schad & Hölzel wurden als Elektroingenieure berufen und Jappsen und Stangier mit der Aufzugsplanung beauftragt.

Um bis zur Auftragsvergabe an die ausgewählten Unternehmen Verzögerungen im Entwurfsprozeß zu vermeiden, wurden vom Büro Foster altbewährte Fachplaner wie Roger Preston & Partners weiterhin bei der Planung von verschiedenen Aspekten wie der Umweltstrategie und im besonderen der natürlichen Belüftung zur Beratung herangezogen. Auf Grund

The site as it was. The buildings overlooking Kaiserplatz to the south *(on the right in this picture)* have been retained in the final design. The buildings to the north and east, however, were demolished.

Das Grundstück vor dem Beginn der Bauarbeiten. Die Gebäude am Südrand entlang des Kaiserplatzes *(rechts im Bild)* wurden erhalten, während die im Norden und Osten abgebrochen wurden.

their own tried and tested services consultants,
Roger Preston & Partners, to develop the environmental strategy – in particular the crucial
issue of natural ventilation. With their unrival-
led experience in this field, it was a logical pro-
gression that their German associate company,
RP+K Sozietät, was subsequently retained to
work alongside the German consultants as the
design developed.

Structural engineers Ove Arup & Partners
had already seen the necessity of working with
a German partner to advise on local conditions
and had formed a joint venture with the local
firm Krebs und Kiefer. Other structural engineers
were considered, but Nervus quickly came to
the conclusion that the Arup/Krebs und Kiefer
combination was the best option. The design of
the foundations, however, demanded a special
expertise as well as a detailed knowledge of
local conditions and precedents. Having advis-
ed on most of Frankfurt's tallest buildings, the
highly respected geotechnical consultancy
GBI Sommer was one of two equally qualified
choices and was duly appointed.

From September 1991 onwards, the detailed design progressed steadily and the building
took on something like its final form. Then, in
September 1992, the cost simulations indicated
a need for a review of the complete strategy.
Various alternative schemes were prepared and
priced. One of these appeared to offer a margin-
ally cheaper solution, but it was rejected as
insufficiently innovative and therefore a denial
of the whole spirit of the project. Instead, the
existing scheme was further refined and its long-
term cost-in-use strategy improved.

By July 1993, the working drawings programme was well advanced and it was time for
Nervus to make a decision about the best procedures for construction and site management.
In Germany, it is not unusual to appoint a management contractor to be responsible for the
whole process, including the detailed development of the final design. Due to the highly innovative nature of the project, this approach was
the subject of intense debate. The merits of this

ihrer anerkannt konkurrenzlosen Erfahrungen auf
diesem Gebiet war es konsequent, deren deutsches
Partnerunternehmen, die RP+K Sozietät bei der
weiteren Planung des Projekts mit in das Planungs-
team einzubeziehen.

Die Tragwerksplaner Ove Arup & Partners hatten
bereits die Notwendigkeit erkannt, mit einem mit
den örtlichen Gegebenheiten vertrauten deutschen
Partner zusammenzuarbeiten und sahen eine Arbeits-
gemeinschaft mit dem Darmstädter Ingenieurbüro
Krebs und Kiefer vor. Nachdem auch andere mögliche
Partner erwogen worden waren, stimmte Nervus der
Zusammenarbeit zwischen Arups und Krebs und Kiefer
als bester Option zu. Für den Entwurf der Gründung
war zudem besondere geotechnische Erfahrung mit
den örtlichen Baugrundverhältnissen erforderlich. Das
angesehene Grundbauinstitut Sommer, das beim Großteil der Frankfurter Hochhäuser als geotechnischer
Berater tätig gewesen war, wurde als eines von zwei
möglichen qualifizierten Unternehmen benannt.

Die Detailplanung, die im September 1991
begonnen hatte, machte immer größere Fortschritte,
und das Gebäude nahm langsam seine endgültige
Form an, bis plötzlich im September 1992 eine
Kostensimulation die Notwendigkeit einer völligen
Überarbeitung des gesamten Projekts signalisierte. Es
wurden neue Entwürfe entwickelt und kalkuliert, von
denen sich zwar einer als preisgünstiger erwies,
jedoch auf Grund des geringen Innovationswertes
abgelehnt wurde. Man überarbeitete daraufhin den
bestehenden Entwurf weiter, wobei die langfristigen
Betriebskosten gesenkt werden konnten.

Im Juli 1993, als die Planungen weit fortgeschritten waren und bereits die Details gezeichnet wurden,
mußte Nervus Entscheidungen bezüglich des weiteren Vorgehens und des Baumanagements treffen. In
Deutschland ist es durchaus üblich, ein Generalunter-
nehmen mit der gesamten Ausführung, einschließlich
der Detailplanung des endgültigen Entwurfs zu beauftragen. Zunächst war diese Vorgehensweise auf
Grund des hohen Maßes an Innovation in diesem
Projekt sehr umstritten. Für die Commerzbank über-
wogen die Vorteile dieser Vertragsform, und daher
wurde der Auftrag an den deutschen Generalunter-
nehmer Hochtief vergeben. Hochtief erhielt einen
vollständigen Satz der Planungsunterlagen, und
damit war die Arbeit der unabhängigen Fachplaner

form of contract, however, held firm and Hochtief, one of Germany's largest construction companies, was appointed. A set of construction drawings was handed over, marking the end of the independent consultants' direct involvement in the project – though nearly all were subsequently retained in an advisory capacity.

Hochtief now took full responsibility for the construction of the project on a design-and-build basis. Financially, this was a prudent move. Hochtief was contracted to deliver the completed building for a fixed lump sum and, from the client's point of view at least, financial risk was virtually eliminated at a stroke. The priority now was to maintain quality control. The design of the building was set out in the consultant team's drawings, but Hochtief was free to employ its own consultants and alter various aspects as long as performance requirements were met. Through their local offices, members of the original consultant team were on hand to monitor and advise at every stage.

At first, radical revisions were proposed. A switch from steel to reinforced-concrete construction was seriously considered and, at one point, it seemed likely that intermediate columns would be introduced into the garden areas. Foster and Partners and Arups, however, were adamant that such moves were against the spirit and functional clarity of the design and both proposals were resisted by the client.

Attention turned instead to less drastic 'value engineering' exercises, closely monitored, of course, by Nervus. For example, the main steelwork contractor, DSD Dillinger Stahlbau, suggested alterations to the specification and distribution of steelwork connections in order to speed up and simplify the erection of the frame. Working closely with cladding manufacturer, Josef Gartner & Co, the cladding panels and windows were similarly redesigned. The mechanical plant was also reconsidered and redistributed to different parts of the building.

With the project now complete, it is clear the decision to appoint Hochtief has paid off.

beendet. Fast alle wurden jedoch weiterhin als Berater hinzugezogen.

Hochtief übernahm damit die volle Verantwortung für den Bau des Hochhauses auf der Basis eines Planungs- und Errichtungsvertrages. Finanziell war das eine sehr geschickte Lösung, denn Hochtief war vertraglich gebunden, das fertige Gebäude zu dem vereinbarten Pauschalpreis zu übergeben, und so mußte zumindest die Commerzbank keine ernstzunehmenden finanziellen Risiken mehr tragen. Die Hauptaufgabe für den Bauherrn lag jetzt darin, die Qualität der Ausführung sicherzustellen. Die Vorgaben waren durch die Vorlagen des Fachplanerteams definiert, Hochtief konnte jedoch eigene Berater beauftragen und den ursprünglichen Entwurf abändern, so lange sie die Leistungsvorgaben einhielten. Zudem standen die Frankfurter Büros der ursprünglichen Beratungsunternehmen weiterhin zur Verfügung, und konnten gegebenenfalls beratend und überwachend eingreifen.

Um eine Senkung der Kosten zu erreichen wurden von Hochtief zunächst radikale Veränderungen vorgeschlagen, wie zum Beispiel das Ersetzen des Stahltragwerks durch ein Stahlbetontragwerk oder der Einsatz von Stützen in den viergeschossigen Gärten. Foster and Partners und Ove Arup & Partners wandten sich jedoch entschieden gegen solche Veränderungen, die ihrer Ansicht nach der Grundidee und klaren Funktionalität des Entwurfs widersprachen, und lehnten gemeinsam mit der Commerzbank beide Vorschläge ab.

Später suchte man nach weniger radikalen Maßnahmen zur Kostendämpfung, die von Nervus genau überwacht wurden. So schlug zum Beispiel das ausführende Stahlbauunternehmen DSD Dillinger Stahlbau eine veränderte Ausführung und Anordnung der Stahlbauanschlüsse vor, so daß die Montage des Stahltragwerks vor Ort beschleunigt und vereinfacht werden konnte. Zusätzlich wurden in enger Zusammenarbeit mit dem Hersteller der Fassadenelemente Josef Gartner & Co. die Fassadenpaneele und Fenster einfacher gestaltet. Auch die Haustechnik wurde neu überdacht und konnte daraufhin in anderen Gebäudeteilen untergebracht werden.

Jetzt, da das Projekt abgeschlossen ist, zeigt sich, daß mit der Beauftragung von Hochtief eine gute Entscheidung getroffen wurde.

Top of Antenna   298.74 metres

Top of Building   258.70 metres

63 Top of Building
62 Dry Cooler
61 Dry Cooler
60 Dry Cooler
59 Wet Cooler
58 Wet Cooler
57 Wet Cooler
56 Chiller
55 Chiller
54 Chiller
53 Plant room
52 Plant Room – south wing
51 Plant Room – south wing
50 Conference and Dining Rooms
49 Conference Rooms
48 Directors' Offices
47 Directors' Offices
46
45
44
43 Roof Garden – east wing
42
41

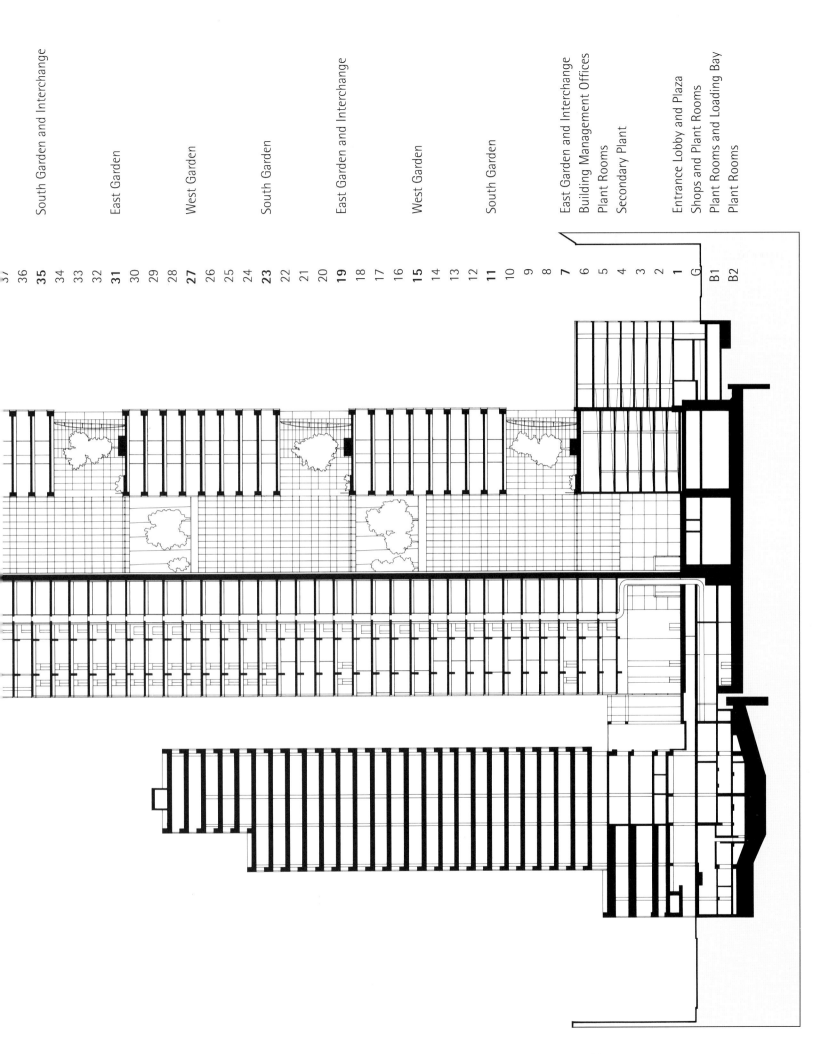

1	Escape stairs	1	Fluchttreppe
2	Service lift	2	Lastenaufzug
3	Lift shaft access	3	Aufzugsschachtzugang
4	Plant room	4	Technikraum
5	Store	5	Lager

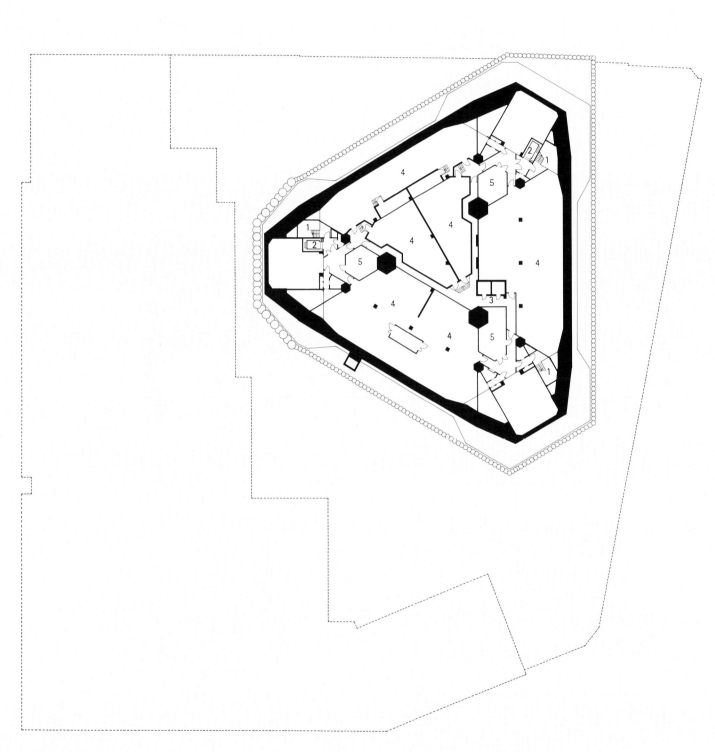

Basement Level 2
Untergeschoß 2

1	Escape stairs	1	Fluchttreppe
2	Service lift	2	Lastenaufzug
3	Lift shaft access	3	Aufzugsschachtzugang
4	Plant room	4	Technikraum
5	Electrical plant and switchrooms	5	Trafostation und Schaltzentrale
6	Car park lift	6	Parkhausaufzug
7	Loading bay	7	Ladezone
8	Turntable	8	Drehscheibe
9	Car park	9	Parkhaus
10	Kitchen lift	10	Küchenaufzug

Basement Level 1
Untergeschoß 1

1	Escape stairs	1	Fluchttreppe
2	Service lift	2	Lastenaufzug
3	Lift lobby	3	Aufzugsvorraum
4	Plant room	4	Technikraum
5	Loading bay	5	Ladezone
6	Car park entrance	6	Parkhauseinfahrt
7	Kitchens	7	Küchen
8	Gr. Gallusstr. entrance	8	Eingang Gr. Gallusstr.
9	Kaiserplatz entrance	9	Eingang Kaiserplatz
10	Branch bank	10	Bankfiliale
11	Shops	11	Läden
12	Auditorium	12	Auditorium
13	Link to old building	13	Verbindung zum Altbau

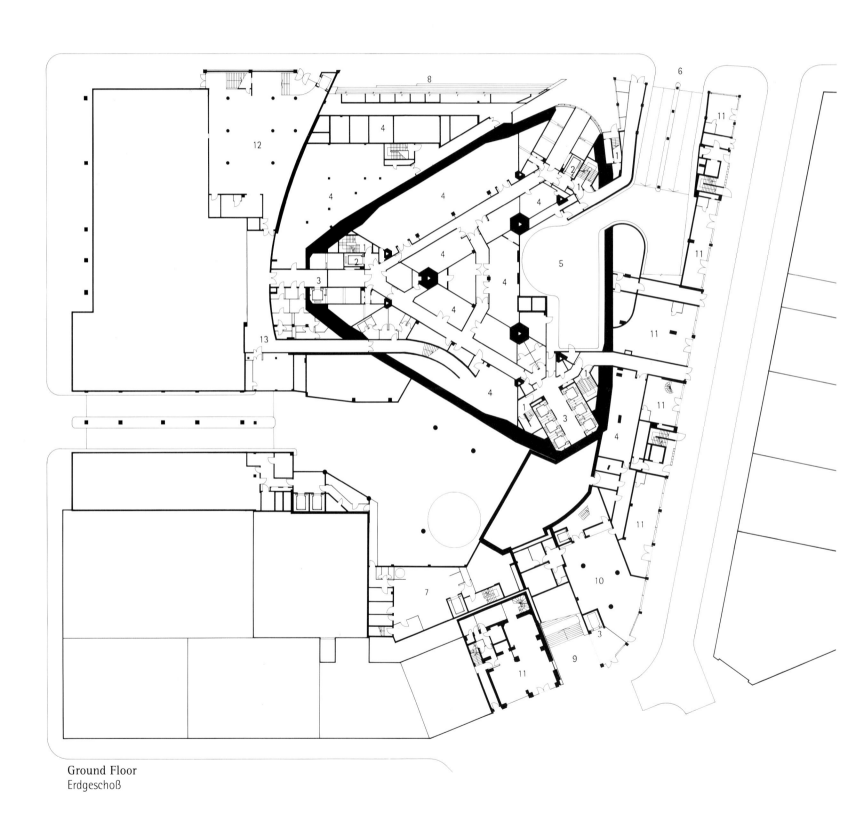

Ground Floor
Erdgeschoß

1	Escape stairs	1	Fluchttreppe
2	Service lift	2	Lastenaufzug
3	Lift lobby	3	Aufzugsvorraum
4	Car park	4	Parkhaus
5	Entrance lobby	5	Eingangshalle
6	Entrance piazza	6	Eingangsvorplatz
7	The Plaza	7	Plaza
8	Serveries	8	Theken
9	Kitchens	9	Küchen
10	Sculpture court	10	Skulpturengarten
11	Branch bank	11	Bankfiliale
12	Apartments	12	Wohnungen
13	Auditorium	13	Auditorium

Level 1
Ebene 1

1	Escape stairs	1	Fluchttreppe
2	Service lift	2	Lastenaufzug
3	Lift lobby	3	Aufzugsvorraum
4	Car park	4	Parkhaus
5	Lavatories	5	Toiletten
6	Service risers	6	Steigschächte
7	Building management	7	Building Management
8	Penthouse	8	Penthaus

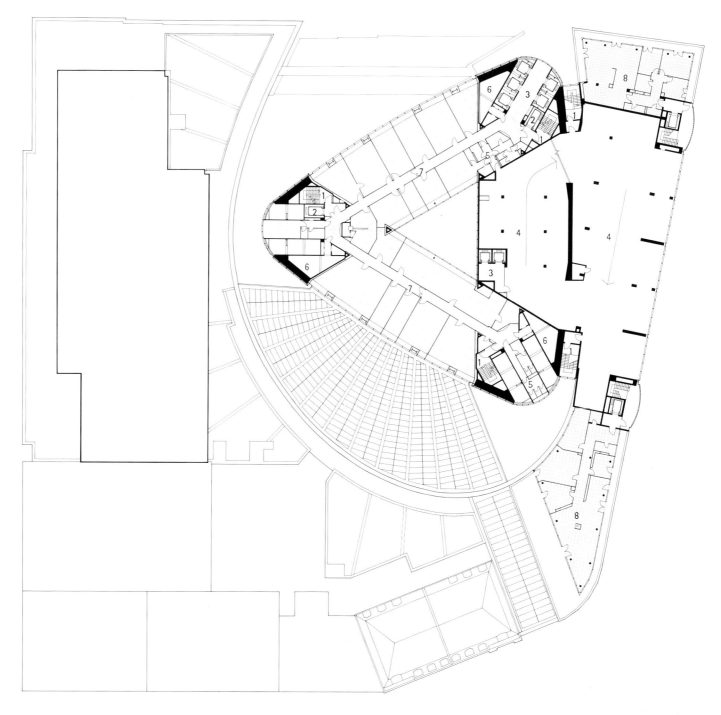

Level 6
Ebene 6

1	Escape stairs	1	Fluchttreppe
2	Service lift	2	Lastenaufzug
3	Lift lobby	3	Aufzugsvorraum
4	Lavatories	4	Toiletten
5	Reception	5	Empfang
6	Meeting rooms	6	Besprechungsräume
7	Store	7	Lager
8	East Garden	8	Ostgarten

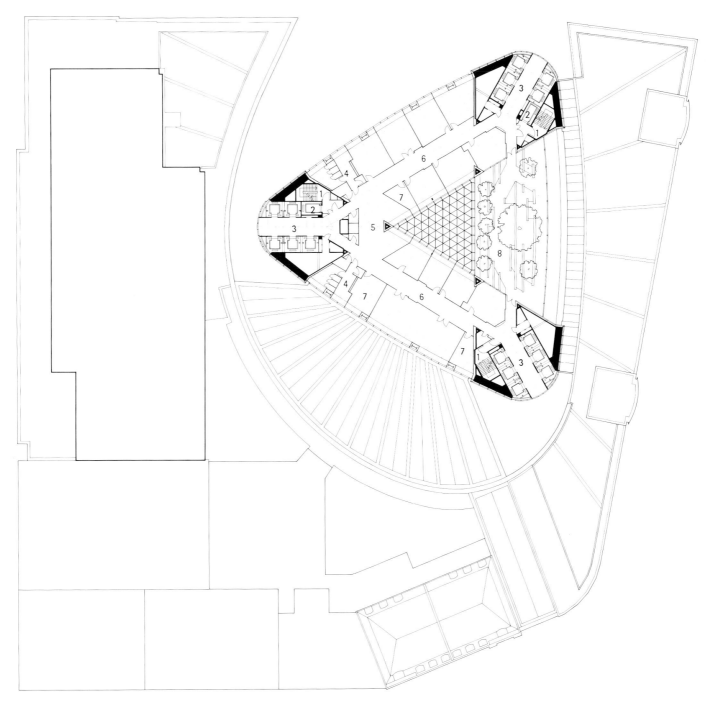

Level 7
Ebene 7

1	Escape stair	1	Fluchttreppe
2	Service lift	2	Lastenaufzug
3	Lift lobby	3	Aufzugsvorraum
4	Lavatories	4	Toiletten
5	Service rooms	5	Technikräume
6	Combi-offices	6	Kombibüros
7	Team offices	7	Teambüros
8	Garden	8	Garten

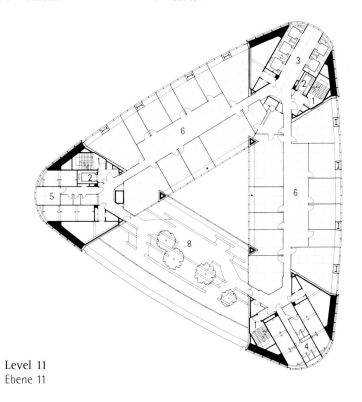

Level 11
Ebene 11

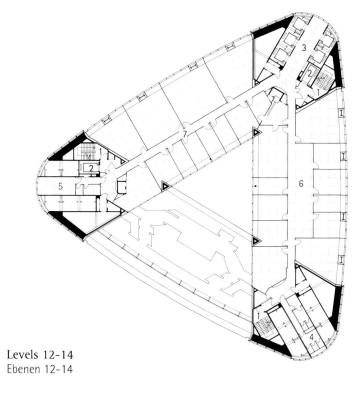

Levels 12-14
Ebenen 12-14

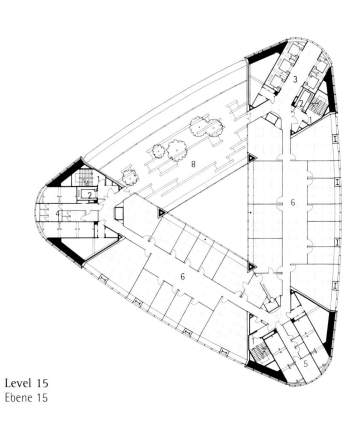

Level 15
Ebene 15

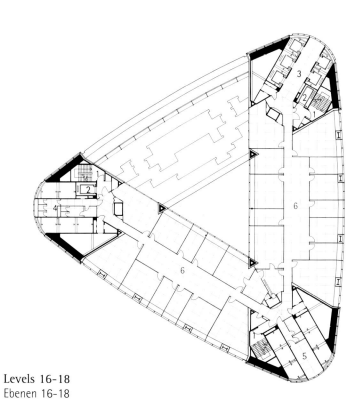

Levels 16-18
Ebenen 16-18

1	Escape stair	1	Fluchttreppe
2	Service lift	2	Lastenaufzug
3	Lift lobby	3	Aufzugsvorraum
4	Lavatories	4	Toiletten
5	Service rooms	5	Technikräume
6	Combi-offices	6	Kombibüros
7	Team offices	7	Teambüros
8	Garden	8	Garten
9	Document handling	9	Dokumentenverteiler
10	Meeting rooms	10	Besprechungsräume

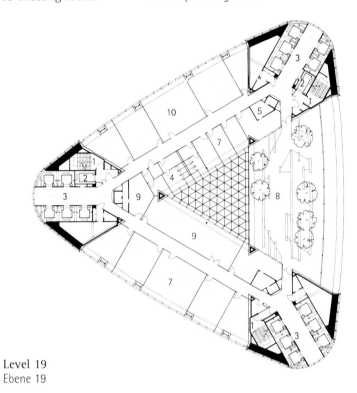

Level 19
Ebene 19

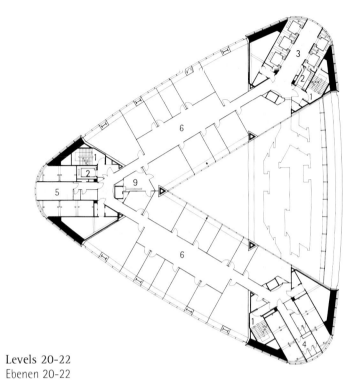

Levels 20-22
Ebenen 20-22

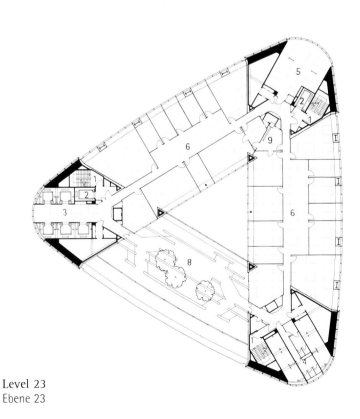

Level 23
Ebene 23

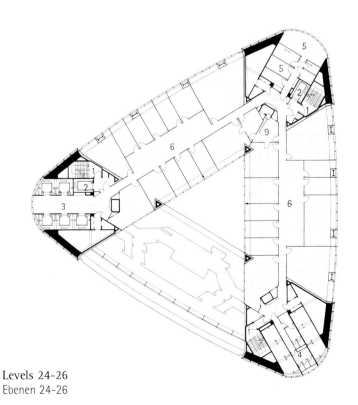

Levels 24-26
Ebenen 24-26

1	Escape stair	1	Fluchttreppe
2	Service lift	2	Lastenaufzug
3	Lift lobby	3	Aufzugsvorraum
4	Lavatories	4	Toiletten
5	Service rooms	5	Technikräume
6	Combi-offices	6	Kombibüros
7	Meeting room	7	Besprechungsraum
8	Garden	8	Garten

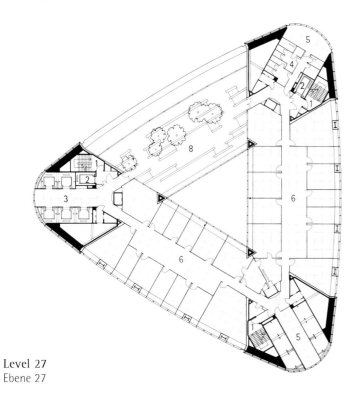

Level 27
Ebene 27

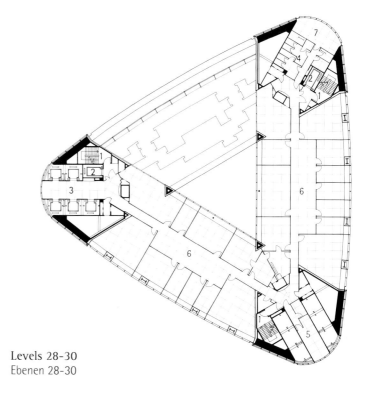

Levels 28-30
Ebenen 28-30

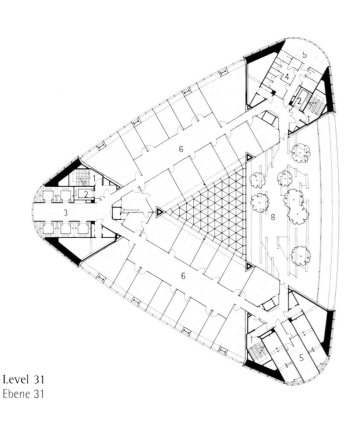

Level 31
Ebene 31

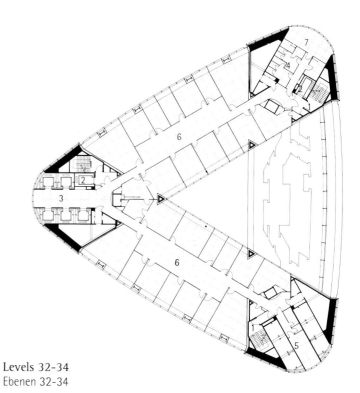

Levels 32-34
Ebenen 32-34

1	Escape stair	1	Fluchttreppe
2	Service lift	2	Lastenaufzug
3	Lift lobby	3	Aufzugsvorraum
4	Lavatories	4	Toiletten
5	Service rooms	5	Technikräume
6	Combi offices	6	Kombibüros
7	Meeting room	7	Besprechungsraum
8	Garden	8	Garten

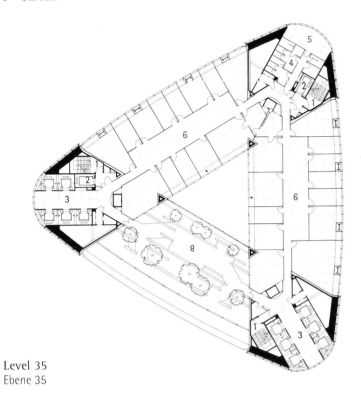

Level 35
Ebene 35

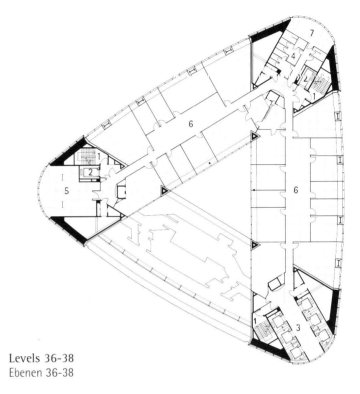

Levels 36-38
Ebenen 36-38

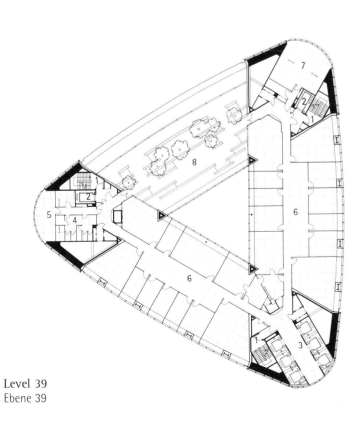

Level 39
Ebene 39

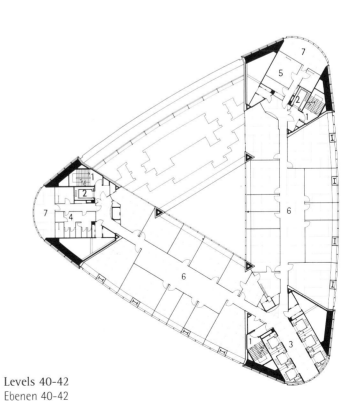

Levels 40-42
Ebenen 40-42

1	Escape stair	1	Fluchttreppe
2	Service lift	2	Lastenaufzug
3	Lift lobby	3	Aufzugsvorraum
4	Lavatories	4	Toiletten
5	Service rooms	5	Technikräume
6	Combi-offices	6	Kombibüros
7	Reception	7	Empfang
8	Directors' offices	8	Vorstandsbüros
9	Meeting room	9	Besprechungsraum
10	Roof garden	10	Dachgarten

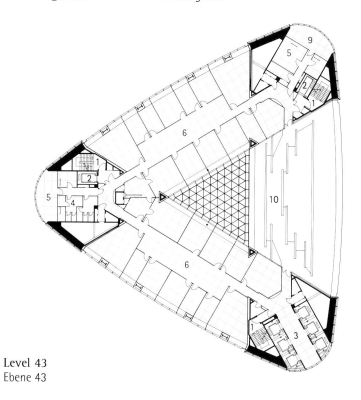

Level 43
Ebene 43

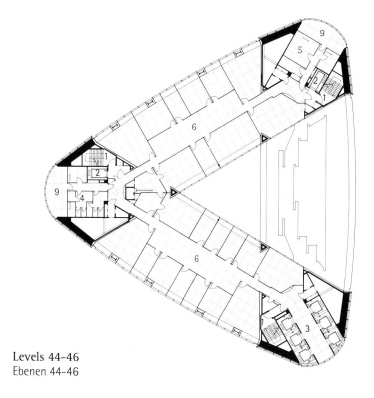

Levels 44-46
Ebenen 44-46

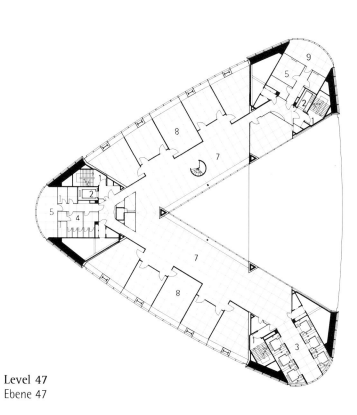

Level 47
Ebene 47

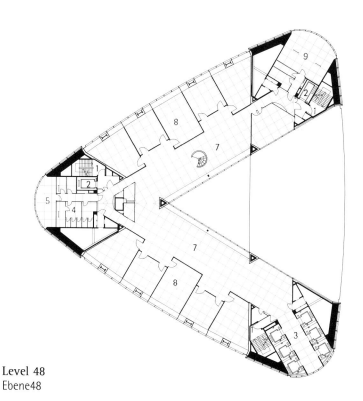

Level 48
Ebene48

1	Escape stair	1	Fluchttreppe
2	Service lift	2	Lastenaufzug
3	Lift lobby	3	Aufzugsvorraum
4	Lavatories	4	Toiletten
5	Service rooms	5	Technikräume
6	Reception	6	Empfang
7	Conference rooms	7	Konferenzräume
8	Dining rooms	8	Speiseräume
9	Kitchen	9	Küche
10	Plant rooms	10	Technikräume

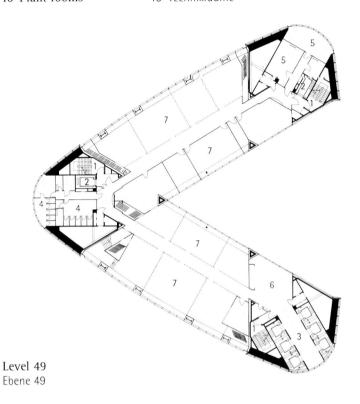

Level 49
Ebene 49

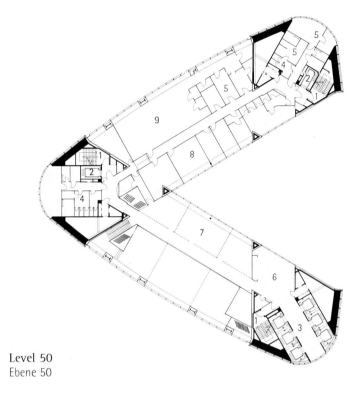

Level 50
Ebene 50

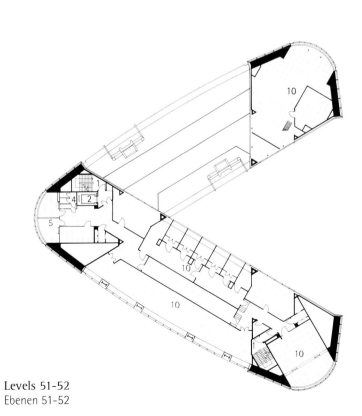

Levels 51-52
Ebenen 51-52

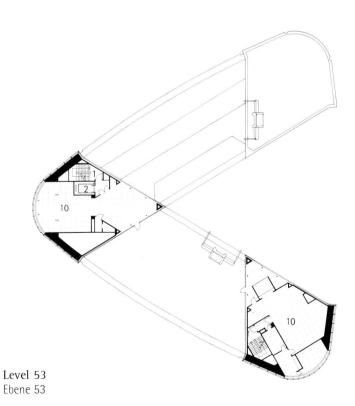

Level 53
Ebene 53

1	Escape stair	1	Fluchttreppe
2	Service lift	2	Lastenaufzug
3	Plant room	3	Technikraum
4	Antenna	4	Antenne
5	Roof	5	Dach

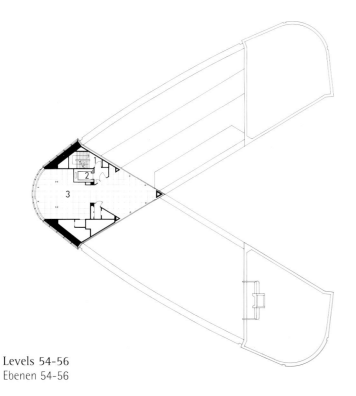

Levels 54-56
Ebenen 54-56

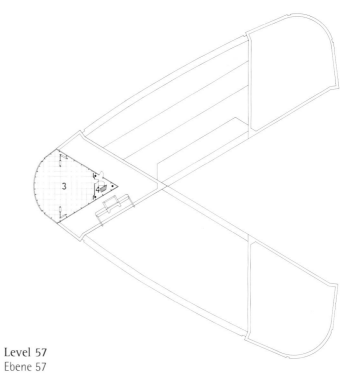

Level 57
Ebene 57

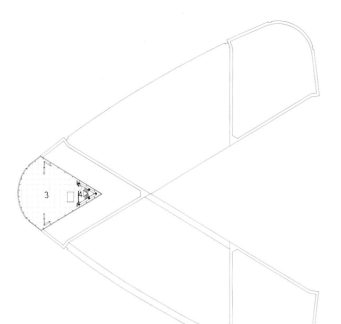

Levels 58-62
Ebenen 58-62

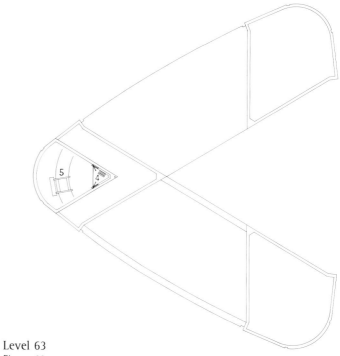

Level 63
Ebene 63

The triangular plan of the building is immediately apparent in this photograph, which looks down from the antenna. The roofs of the south, north and east wings stop off at levels 53, 51 and 43 respectively, the relative protection afforded the latter allowing a small roof garden.

Auf diesem Foto, aufgenommen von der Antenne, springt der dreieckige Gebäudegrundriß sofort ins Auge. Die Dächer des Süd-, Nord- und Ostsegments befinden sich über dem 53. beziehungsweise dem 51. und 43. Geschoß, das letztere ist geschützt genug für einen kleinen Dachgarten.

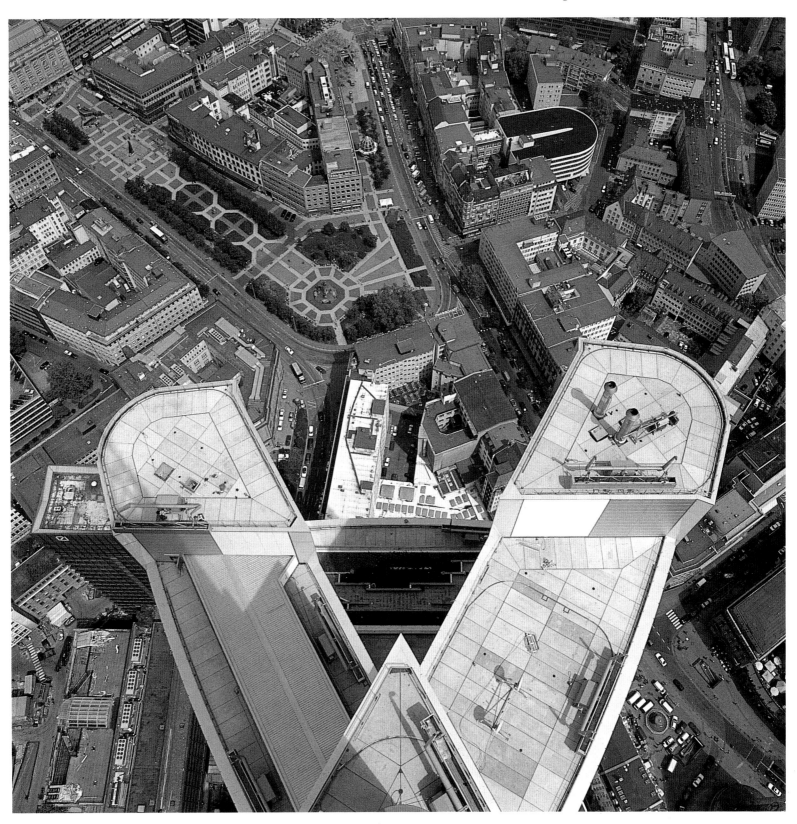

The Structure

Das Tragwerk

27 October 1995. Taken just six weeks after the photograph on page 38 and already the building has grown by 12 storeys. The main steel frame would now rise at a constant two storeys a week until its completion in January 1996.

27. Oktober 1995. In den sechs Wochen, die vergangen sind, seit das Foto auf Seite 38 aufgenommen wurde, ist das Gebäude um 12 Stockwerke gewachsen. Bis zu seiner Fertigstellung im Januar 1996 wuchs der Stahlbau jetzt jede Woche um zwei Geschosse.

The Commerzbank tower is essentially a hollow 'tube' standing on end. Most of the vertical loads are concentrated at the perimeter of the building so that the structural 'footprint' is as large as possible. The form, therefore, is inherently stable and is better able to resist horizontal wind loads than the alternative 'tree trunk' form, with its solid central core and floors which span to the perimeter.

The drawback, however, is that the tube must be perforated, not only by windows but by the much larger openings of the gardens. Indeed, the whole architectural, spatial and environmental concept of the building depends on these four-storey-high, uninterrupted openings, penetrating from the facade through to the central atrium. As explained in the opening chapter, it proved far easier to maintain an overall structural stiffness by the spiral configuration of the gardens, which only ever occur on one side of the building at any given level. At every fourth level, therefore, the floor is continuous around the whole building and acts as a stiffening diaphragm, providing the necessary stability over the full height of the tower.

In order to keep the gardens column-free, particularly along their external facades, vertical forces have to be further concentrated in the corners of the triangular plan. The structure, therefore, consists of two major elements: the corner columns and the eight-storey-high, bridge-like, steel structures that span across the gardens between them. These bridge structures perform two main functions: they support the floors and they act with the columns to resist wind loading. They might have taken the form of deep trusses, with loads concentrated in the top and bottom booms, but this would have necessitated diagonal cross-bracing to resist wind loading and to support the intermediate office floors. The openness of the office floors would have been severely compromised.

The truss option was therefore rejected in favour of a Vierendeel frame of vertical and horizontal members, which distributes the loads

Das Tragwerk der Commerzbank gleicht einer aufrecht stehenden Röhre. Der Großteil der vertikalen Lasten wird am Außenrand des Gebäudes abgetragen, um so die Ausdehnung der Tragwerksbasis möglichst groß zu gestalten. Diese Form des Tragwerks ist von Natur aus stabil und kann horizontale Windlasten besser aufnehmen als das klassische „Baumstammkonzept" mit einem zentralen Kern und zum Außenrand hin spannenden Geschoßdecken.

Allerdings muß die Röhre für die Fenster durchbrochen werden, und vor allem sind für die Gärten deutlich größere Öffnungen nötig. Das gesamte Konzept basiert sowohl aus architektonischer als auch aus räumlicher und umwelttechnischer Sicht auf diesen vierstöckigen, ungeteilten Öffnungen, die von der Fassade zum zentralen Atrium durchgehen. Wie im ersten Kapitel erläutert, bleibt dabei die Stabilität des Tragwerks durch die spiralförmige Anordnung der Gärten erhalten, wobei sich auf jedem Stockwerk jeweils nur auf einer Seite ein Garten befindet. Alle vier Stockwerke bilden die Geschoßdecken eine geschlossene aussteifende Scheibe, die die Formstabilität des Turms gewährleistet.

Um in den Gärten auf Stützen verzichten zu können, werden die vertikalen Lasten konzentriert in den Ecken des dreieckigen Gebäudegrundrisses abgetragen. Das Tragwerk besteht aus zwei Hauptelementen: den Hauptkernstützen und den achtgeschossigen Stahlskeletten, die die Gärten überspannen. Die zwei Hauptaufgaben dieser Brückenkonstruktionen bestehen darin, die Geschoßdecken zu tragen und darüber hinaus gemeinsam mit den Stützen die Windlasten aufzunehmen. Hätte man hier eine Fachwerkkonstruktion eingesetzt, bei der sich die Kräfte in den oberen und unteren Gurten konzentrierten, wären zur Aufnahme der Windlasten und zur Abtragung der dazwischenliegenden Bürogeschosse Fachwerkdiagonalen nötig gewesen. Durch diese Diagonalstäbe des Fachwerks wäre die Offenheit der Fassade stark beeinträchtigt worden.

Daher wurde die Fachwerklösung zugunsten eines Vierendeelrahmens verworfen, einer Konstruktion aus horizontalen und vertikalen Stäben mit biegesteifen Knoten. Dieser Rahmen sorgt für eine gleichmäßige Verteilung der Vertikallasten im Tragwerk und nimmt horizontale Lasten über die

equally through the structure and absorbs lateral forces in rigid moment joints. In its final form, the frame consists of horizontal members which coincide with each floor level and four vertical members.

The sizing and positioning of these vertical members had to take account of at least four competing factors: floor loads, wind loads, simplicity of fabrication, and the preferred 1.5 metre planning grid of the building. To resist wind loads, the vertical members would have been best distributed equally across the width of the frame. On the other hand, to resist gravitational forces, they would have been more efficient if concentrated closer to the tower's main corner columns and increased in size. The solution as built is a subtle compromise. Vertical members are shifted slightly towards the main columns, while conforming to the planning grid and maintaining a standard section.

There are six main columns, two in each corner of the plan. Measuring 7.5 by 1.2 metres in their final form, each column is made up of two, 'H'-section, vertical steel members, linked by beams and diagonal bracing, and encased in reinforced concrete. The combination of steel and concrete produces a relatively light and efficient structural form which is also easier to build. Connections between the Vierendeel frames and the columns are simplified, and the steel cores form a temporary 'jig' to allow the erection of the structural frame to proceed ahead of the slower concrete encasing process. Furthermore, the concrete provides both fire and corrosion protection for the steel and also acts as a damper, reducing the tendency of the whole structure to vibrate or oscillate in high winds. Finally, to complete the perforated tube structure, large steel 'link frames' connect each pair of columns across the corners of the plan at each floor level, between the lift shafts.

The steel frame has a conceptual as well as a formal elegance. In a conventional skyscraper, structural elements tend to vary in size and strength over the height of the building, with

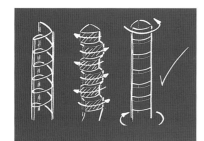

Chris Wise's sketch proposing gardens on three sides of the building.

Eine Zeichnung von Chris Wise, auf der er Gärten in allen drei Gebäudesegmenten vorschlägt.

biegesteifen Verbindungen auf. Die horizontalen Riegel verlaufen in Höhe der Geschoßdecken; jeder Rahmen hat vier Stiele.

Bei der Dimensionierung und Positionierung dieser Stiele mußten mindestens vier unterschiedliche Faktoren berücksichtigt werden: Deckenlasten, Windlasten, einfache Herstellung und das angestrebte Modulmaß von 1,50 Metern. Zur Aufnahme der Windlasten wäre es optimal, die Stiele gleichmäßig über die Breite des Rahmens anzuordnen. Zur Abtragung der Vertikallasten wäre es dahingegen besser gewesen, Stiele unterschiedlichen Querschnitts näher an die Hauptkernstützen zu rücken. Die jetzt gewählte Lösung ist ein ausgeklügelter Kompromiß zwischen diesen beiden Ansätzen. Die Stiele sind bei standardisierten Querschnitten im Modulmaß des Planungsrasters etwas näher an die Stützen gerückt.

Insgesamt gibt es sechs Hauptkernstützen, zwei in jeder Ecke des Gebäudes. Diese 7,5 x 1,2 Meter großen Stützen bestehen aus zwei Stahlstielen mit

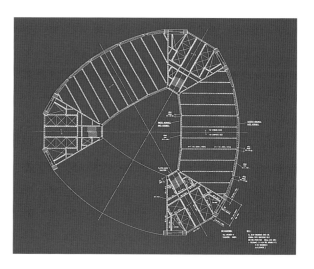

I-Querschnitt, die durch Riegel und Fachwerkdiagonalen gekoppelt und in hochbewehrten Stahlbeton eingebunden sind. Der Einsatz von Verbundbauteilen aus Stahl und Beton macht Tragwerke relativ leicht, und sie können zudem einfacher montiert werden. Die Anschlüsse zwischen den Vierendeelrahmen und den Hauptstützen sind konstruktiv einfach in Stahlbauweise ausgeführt: so bildet die Stahlkonstruktion der Kerne ein "Gerüst", das die Montage des Stahlhaupttragwerks vor dem langsameren Betoniervor-

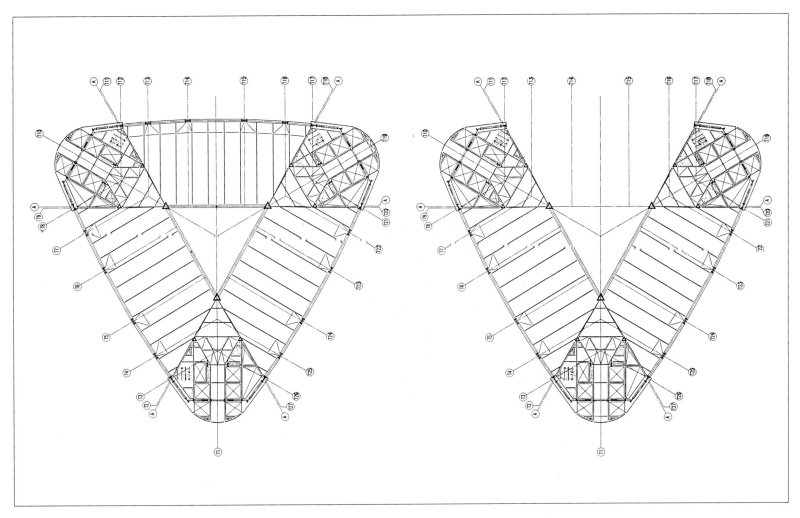

the heavier elements at the bottom and the lighter ones at the top. But the special nature of the Commerzbank structure allows a high degree of standardisation. All the Vierendeel frames have a similar job to do and all are therefore identical. And because the Vierendeel principle distributes loads evenly through the structure, most of the main frame components – the beams and cruciform uprights – are also identical.

Of course, the six main corner columns do vary in strength over their height, but this is where their composite nature offers yet another benefit. The steel-frame components remain uniform in both size and weight from top to bottom of the building and the variation in strength is achieved by altering the amount of reinforcement in the concrete. The whole of the steel structure is therefore a simple, repetitive kit of parts with very few standard component types. According to Arups' engineer, Chris Wise, it was possible to schedule the major steel components for the building's external frame – a total of some 10,000 tonnes in weight – on just half a sheet of A4 paper.

The perforated tube formed by the core columns, the Vierendeel frames and the link frames is what gives the whole structure its stiffness and stability. Inside the tube stands a second,

gang erlaubt. Weiterhin dient der Beton als Brand- und Korrosionsschutz für die Stahlbauteile und erzeugt eine Dämpfung des Tragwerks, die Schwingungen bei hohen Windgeschwindigkeiten reduziert. Komplettiert wird die Röhre des Haupttragwerks durch Stahlverbindungsrahmen, die jeweils die Hauptkernstützen in den Gebäudeecken zwischen den Aufzugsschächten über die volle Gebäudehöhe koppeln.

Sowohl im Konzept als auch in der Form ist der Stahlrahmen eine elegante Lösung. In konventionellen Hochhäusern sind die Tragwerkselemente gewöhnlich unterschiedlich dimensioniert, mit von unten nach oben abnehmenden Querschnitten und Tragfähigkeiten. Das Tragwerkskonzept der Commerzbank dahingegen ermöglicht einen hohen Standardisierungsgrad. Alle Vierendeelrahmen müssen die gleichen Lasten abtragen und sind folglich identisch ausgebildet. Da das Vierendeelprinzip zu einer gleichmäßigen Verteilung der Lasten über das Tragwerk führt, wird eine weitgehende Standardisierung der wichtigsten Tragwerksteile, wie der Träger und kreuzförmigen Stützen ermöglicht.

Natürlich weisen die sechs Hauptstützen von unten nach oben veränderte Tragfähigkeiten auf, aber auch hier erweist sich die Verbundbauweise als vorteilhaft. Die Querschnitte der Stahlbauteile bleiben,

Some details may have changed and the planform has been modified, but Arups' early proposals for the steel frame are not that different from DSD's final design.

Auch wenn sich die Details und die Grundrißform noch leicht verändert haben, stimmen Arups frühe Entwürfe für das Tragwerk weitgehend mit dem später von DSD montierten Stahlbau überein.

A model of the steel frame at the final design stage, prepared by Jörg Dussling, Filip Casar and Peter Unkrig, students at Fachhochschule Darmstadt, as part of their architectural diplomas.

Ein Modell des endgültigen Entwurfs für das Stahltragwerk. Es wurde von Jörg Dussling, Filip Casar und Peter Unkrig im Rahmen ihrer Diplomarbeit an der Fachhochschule Darmstadt gebaut.

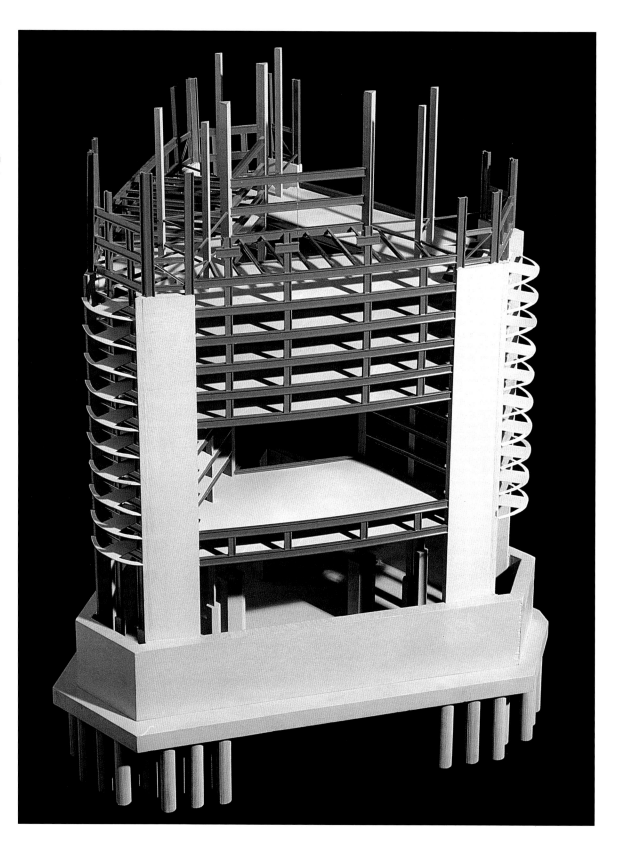

lighter structure which defines the triangular atrium and supports the inner edges of the floors. Three full-height, triangular steel-composite columns – measuring a standard 1400mm along one side – stand in the corners of the atrium and are linked at each floor level by atrium edge beams spanning 18 metres.

Each set of eight edge beams, that make up one group of floors between consecutive gardens, is linked by a 'load sharing' vertical member at the centre of the span. This refinement has a significant structural advantage in that it allows a significant reduction in the depth of the edge beams from 1500mm to 1100mm – with a consequent saving in weight and cost – without increasing their deflection. This was essential if the design of the internal cladding system was to remain viable.

In the early stages of the design, a precast-concrete flooring system was proposed, incorporating horizontal service ducts. This was replaced by a composite steel and concrete solution as part of a cost-cutting exercise. Simple steel beams, 560mm deep and at 3-metre centres, span between the Vierendeel frames and the atrium edge beams, and support a deck of permanent steel shuttering on which a 130mm thick, reinforced-concrete slab is cast. To allow the passage of horizontal services, the floor beams have perforations in their webs and are reduced in depth at each end. By this means, the floor-to-floor height is kept to a very economical 3.75 metres. Furthermore, the composite flooring system was simple and quick to build, requiring no temporary form-work or propping, and it was significantly lighter. And any saving in weight was beneficial as it allowed the use of more economical foundations.

Steel-framed construction, though normal for high buildings in other parts of the world, is rare in Germany, where reinforced concrete is the standard technology. However, steel offers enormous benefits in terms of openness, rationalisation of fabrication – the 'kit of parts' philosophy – and speed of erection. For example,

unabhängig von ihrer Position im Gebäude, sowohl in ihren Abmessungen, als auch im Gewicht gleich; die Tragfähigkeit wird allein durch einen unterschiedlichen Bewehrungsgrad des Betonteils verändert. Das gesamte Stahltragwerk ist also eine Art Baukastensystem, bestehend aus sehr einfachen Standardbauteilen. Chris Wise, der planende Ingenieur bei Ove Arup, hätte nach eigenen Angaben alle wichtigen Stahlbauteile des Haupttragwerks (insgesamt 10.000 t Stahl) auf einer DIN A4 Seite entwerfen können.

Die durchbrochene Röhre, die aus den genannten Elementen, Hauptkernstützen, Vierendeel- und Verbindungsrahmen gebildet wird, sorgt allein für die Steifigkeit und Stabilität des gesamten Tragwerks. Innerhalb der Röhre befindet sich ein zweites, leichteres Tragwerk, das das Atrium umschließt und die Innenseite der Geschoßdecken trägt. In den Ecken des Atriums stehen drei über die ganze Höhe verlaufende dreieckige Verbundstützen mit einer Standardkantenlänge von 1400mm. In jedem Stockwerk werden die Atriumstützen durch Randträger mit 18 Metern Spannweite verbunden.

Die acht Atriumrandträger zwischen jeweils zwei aufeinanderfolgenden Gärten sind in der Feldmitte durch einen Koppelstab miteinander verbunden. Diese konstruktive Maßnahme ermöglichte bei gleichen Verformungen eine Reduzierung der Trägerhöhen von 1500mm auf 1100mm und somit Kosten- und Gewichtsersparnisse; sie war jedoch auch für das Funktionieren des Konzepts der innenliegenden Atriumfassade entscheidend.

Zu Beginn der Planung war für die Geschoßdecken eine Betonfertigteilkonstruktion vorgesehen, in die die horizontalen Kanäle für die Haustechnik integriert werden sollten. Im Zuge der Kostenoptimierung entschied man sich schließlich jedoch für eine Stahlverbundkonstruktion. Zwischen den Vierendeelrahmen und den Atriumrandträger wurden einfache 560mm hohe Stahlträger im Abstand von drei Metern gespannt; sie stehen im Verbund mit einer 130mm dicken Stahlbetondecke, die auf Profilbleche aufbetoniert wurde. Die Träger haben zur Durchleitung der haustechnischen Installationen Stegöffnungen und sind im Auflagebereich ausgeklinkt. So konnte die Geschoßhöhe auf ein sehr wirtschaftliches Maß von 3,75 Meter beschränkt werden. Die

Vierendeel frames to resist wind loading *(top)* and gravity *(below)*. The final design is a subtle compromise.

Vierendeelrahmen zur Abtragung von Windlasten *(oben)* und Vertikallasten *(unten)*. Die gewählte Lösung ist ein ausgeklügelter Kompromiß.

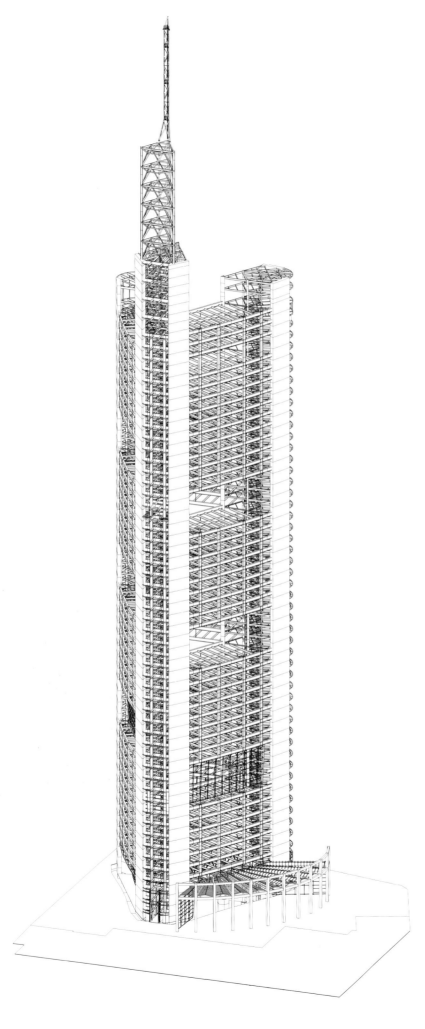

it was theoretically possible to make the Vieren-deel frames in concrete, but studies showed that the horizontal 'beams' would have been up to two metres thick. Only 40 per cent of the facade, therefore, would have been free for glazing – compared with 65 per cent in the steel version.

One of the biggest advantages of steel construction, however, is that it is much lighter. Incredibly, at about 132,000 tonnes, the total weight of the new Commerzbank tower – excluding the perimeter buildings – is not that much more than that of the old tower which it completely dwarfs. And the weight of a building is, of course, one of the major factors when it comes to the design of the foundations. But not the only one. At the Commerzbank site, the engineers were equally concerned by the proximity of the original building.

The old 29-storey tower has a 'dished' re-inforced-concrete raft foundation which rests on, or more accurately floats in, the 40-metre-deep Frankfurt clay. This was the conventional form of foundation for most buildings in Frankfurt up until the early 1980s and has proved very successful for even quite tall towers. Overall settlements of up to 300mm are not uncommon during construction, but these – and the associated risk of differential settlement – can be calculated and allowed for. However, deep excavation work close to such a foundation can easily disturb its stability and induce further settlement.

At the competition stage, Foster and Partners had assumed a deep basement accommodating the main plant rooms and the required car parking. It soon became clear, however, that this would require the installation of a massive underground retaining structure during construction to prevent the old tower from leaning away from the new building by anything more than an acceptable amount. Such a solution was neither feasible nor economically viable. Fortunately, the proposed deep basement was not essential to the success of the building's overall planning and, by relocating the car park into

Verbunddecken sind schnell und einfach ohne temporäre Schalungen oder Unterstützungen herzustellen und sehr leicht. Die Gewichtseinsparungen ihrerseits sind für die Wirtschaftlichkeit der Gründung von Vorteil.

In anderen Ländern sind Stahlrahmentragwerke bei Hochhäusern die Norm, in Deutschland dagegen ist diese Bauweise seltener, statt dessen wird hier weitgehend mit Stahlbeton gearbeitet. Was Offenheit, rationelle Produktion (Baukastenphilosophie) und schnelle Montage betrifft, ist Stahl jedoch überlegen. So hätten die Vierendeelrahmen rein theoretisch auch aus Beton gefertigt werden können, aber in Studien wurde berechnet, daß die Riegel dann eine Höhe von bis zu zwei Metern haben müssen. Dann hätten nur 40 Prozent der Fassade verglast werden können, im Vergleich zu 65 Prozent bei der Stahlausführung.

Einer der größten Vorteile der Stahlkonstruktion jedoch ist das geringe Gewicht. Mit seinen circa 132.000 t wiegt der Neubau – ohne Randbebauung – kaum mehr als der alte Turm, der sich neben dem neuen Wolkenkratzer verschwindend klein ausnimmt. Das Gewicht des Turms hatte zentrale Bedeutung für den Gründungsentwurf, wobei die Nähe des bestehenden Turms noch erschwerend hinzukam.

Das 29stöckige alte Gebäude hat eine Gründungsplatte aus Stahlbeton, die im 40 Meter mächtigen Frankfurter Ton ruht, oder besser gesagt: schwimmt. Diese Art der Gründung war für große Gebäude in Frankfurt bis in die 80er Jahre die Norm und hat sich selbst bei relativ hohen Türmen bewährt. Setzungen von bis zu 300mm während der Bauausführung sind durchaus normal, sie können, wie auch Setzungsunterschiede, im voraus berechnet werden. Tiefe Aushubarbeiten in der unmittelbaren Nachbarschaft solcher Gründungsplatten jedoch können weitere Setzungen verursachen und die Standsicherheit des Gebäudes gefährden.

In der Wettbewerbsphase hatten Foster and Partners zunächst mehrere Kellergeschosse zur Unterbringung der Technikzentralen und der erforderlichen Parkplätze vorgesehen. Es stellte sich jedoch bald heraus, daß eine solche Baugrube durch eine massive unterirdische Stützkonstruktion hätte ausgesteift werden müssen, um eine gefährliche Schiefstellung

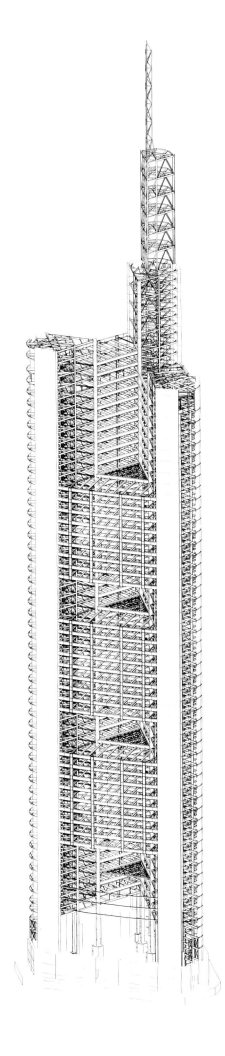

DSD's design drawings were prepared on computer, so it was a relatively easy task to reformat the data and produce, in immaculate detail, an astonishing series of three-dimensional views of the building's steel frame.

DSD erstellte die Pläne mit dem Computer und so konnten mit den vorhandenen Daten relativ leicht die unterschiedlichsten dreidimensionalen, sehr detaillierten Ansichten des Stahltragwerks erstellt werden.

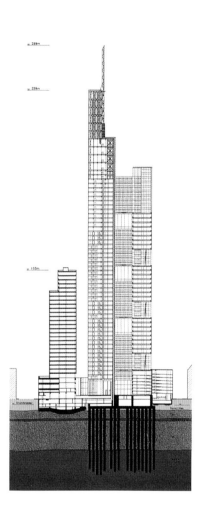

The tower is supported by 111 piles that bear directly on a relatively stable layer of porous limestone.

Der Turm ist auf 111 Bohrpfählen gegründet, die direkt auf den relativ stabilen Kalken ruhen.

a section of the perimeter building overlooking Kirchnerstraße, a shallower and more manageable basement proved possible.

However, the proximity of the old building presented another problem which was more difficult to solve. At the competition stage, the client had appointed a local firm of geotechnical consultants, GBI Sommer, to advise on the design of the foundations, a role subsequently taken over by Ingenieursozietät Katzenbach und Quick. Through their earlier work with Professor Breth and GBI Sommer, the senior partners of Ingenieursozietät Katzenbach und Quick had accumulated many years of experience designing foundations in Frankfurt and had been closely involved in the pioneering use of piled raft foundations for a series of very tall buildings, including the nearby Messeturm by Helmut Jahn. In this form of foundation, piles extend from beneath the raft deep into the clay, to provide extra support by the friction created along their length with the surrounding soil. Overall settlements of no more than 150mm had been achieved for even the heaviest buildings, with a consequent reduction in the risk of differential settlements.

It had been assumed that the new Commerzbank tower would have a similar foundation but, with the old building so close, even a settlement of 150mm was difficult to accommodate without causing the old tower to tilt. There was, however, an even greater concern. Piled raft foundations assume a fairly even spread of piles across the footprint of the building, but the new Commerzbank tower concentrates nearly all the main vertical loads at its three corners. With a naturally high moisture content, clay is not the most stable of soils; high forces, for example, can induce a state of shear failure in which all frictional resistance is overcome. The concentrated loads on the piles beneath the new tower's three corners would come perilously close to imposing such forces, and their support could not be guaranteed.

des bestehenden Turms – zunächst vom Neubau weg – zu verhindern. Glücklicherweise war das Tiefgeschoß für das Gesamtkonzept nicht von entscheidender Bedeutung. Durch die Verlegung des Parkhauses in die Randbebauung an der Kirchnerstraße konnte der Kellerkasten ohne weitere Konsequenzen weniger tief und einfacher gestaltet werden.

Für die Gründung des Gebäudes war die Nähe des bestehenden Gebäudes dahingegen ein Problem, das nicht so einfach gelöst werden konnte. Von den Bauherren wurde das Grundbauinstitut Sommer, ein ortsansässiges Unternehmen, mit der geotechnischen Beratung beim Entwurf der Gründung beauftragt; einer Aufgabe, die später von der Ingenieursozietät Katzenbach und Quick übernommen wurde. In der Vergangenheit hatten die beiden Ingenieure durch ihre Zusammenarbeit mit Professor Breth und persönliche Mitarbeit bei GBI Sommer umfangreiche Erfahrungen mit der Gebäudegründung in Frankfurt sammeln können und waren Vorreiter bei der kombinierten Pfahl-Plattengründung, die für eine ganze Reihe sehr hoher Gebäude eingesetzt wurde, unter anderem für den Messeturm von Helmut Jahn. Bei diesem Gründungskonzept wird durch die zusätzlich unter der Gründungsplatte eingesetzten, tief in den Frankfurter Ton reichenden Bohrpfähle Reibungswiderstand zwischen den Pfählen und dem Boden aktiviert und somit die Tragfähigkeit der Gründung erhöht. Mit Hilfe dieser Gründung waren selbst bei den schwersten Gebäuden Setzungen von unter 150mm erzielt worden und gleichzeitig konnten Mitnahmesetzungen der Nachbarbebauung reduziert werden.

Zunächst ging man davon aus, daß die Pfahl- und Plattengründung auch beim Neubau der Commerzbank angewendet werden sollte. Wegen der Nähe zum alten Gebäude war hier aber selbst eine Setzung von nur 150mm problematisch. Ein noch größeres Problem war jedoch die Tatsache, daß bei dieser Gründungsart die Bohrpfähle gleichmäßig unter der Gründungsplatte verteilt sind, beim neuen Commerzbankturm jedoch die vertikalen Lasten fast ausschließlich über die drei Ecken abgetragen werden. Ton ist auf Grund seines hohen Wassergehalts von Natur aus ein relativ instabiler Untergrund, hoher Druck beispielsweise kann zur Verflüssigung und

The consultant team decided that the only safe alternative was to find a firm bearing in the so-called 'inflata' layer of porous limestone, which lies beneath the clay at a depth of about 40 metres. This meant using 45-metre-long bearing piles to support the entire weight of the building. This presented the engineers with two challenges. The friction caused by the large surface area of a 45-metre-long pile generates very high torsion stresses during drilling, which sets a practical limit to the diameter of the pile. The solution was to design telescopic piles, with a diameter of 1.8 metres for the first 20 metres of drilling, reducing to 1.5 metres beyond that.

It was also known that there were large cavities in the heterogeneous inflata layer, the precise positions of which could not be predicted. There was a possibility that some piles would be drilled through cavities and therefore not take their full share of the weight of the building. The solution here was to inject a liquid form of concrete, under high pressure, out into the surrounding subsoil near the base of each pile.

somit zum vollständigen Verlust jeglichen Reibungswiderstands führen. Die auf die Pfähle unter den drei Gebäudeecken konzentriert aufgebrachten Lasten hätten Druck in dieser gefährlichen Größenordnung erzeugt, so daß die Tragfähigkeit der Bohrpfähle nicht gewährleistet war.

Die beratenden Ingenieure kamen zu dem Ergebnis, daß folglich eine Gründung auf den in 45 Meter Tiefe unter dem Ton liegenden porösen Kalkschichten die einzig sichere Lösung sei. Das bedeutete, daß das gesamte Gewicht des Gebäudes über Bohrpfähle mit einer Länge von 45 Metern abzutragen war. Diese Vorgehensweise stellte die Ingenieure vor zwei Probleme. Die Reibung auf die Bohrrohre, die auf die große Oberfläche der 45 Meter langen Pfähle zurückzuführen ist, führt zu einer großen Torsionsbeanspruchung beim Bohrvorgang. Daher kann der Durchmesser der Pfähle nicht beliebig groß gewählt werden. Die Lösung des Problems waren teleskopierte Bohrpfähle mit einem Durchmesser von 1,8 Metern auf den ersten 20 Metern und 1,5 Metern darunter.

Man wußte außerdem, daß die heterogenen Inflatenschichten von großen kavernösen Hohlräumen durchzogen sind, deren genaue Position nicht bestimmt werden kann. Es bestand also die Gefahr, daß

The piles are concentrated at the three corners of the building, directly under the main cores. The piles were sunk first and then the ground around them excavated to the correct depth.

Die Pfähle sind in den drei Ecken des Gebäudes unter den Kernen angeordnet. Zunächst wurden die Bohrpfähle abgeteuft und anschließend wurde die Baugrube ausgehoben.

The site in February 1995. Piling work proceeded on the three cores in sequence, starting with the north core whose base slab is seen here already in place.

Die Baustelle im Februar 1995. Die Pfahlgruppen unter den einzelnen Kernen wurden nacheinander abgeteuft, begonnen wurde im Nordkern, dessen Gründungsplatte zu diesem Zeitpunkt bereits betoniert worden war.

The final design proposed 111 reinforced-concrete piles, clustered in three groups at the corners of the tower, with loads transferred via a 12-metre-high cellular box with external walls up to 3 metres thick, and a 2.5- to 4.5-metre thick horizontal slab.

Work on the foundations started in August 1994 with the demolition of the existing buildings and the safe infill of their basements. Piling then commenced, using four hydraulic drilling machines. Sands and clays were removed from the pile's temporary steel drilling-sleeve with spherical head grab buckets, and 10 tonne, free-fall chisels were used to break up the rock in the inflata layer. When the full depth was reached, reinforcement cages – weighing 10 tonnes in total – were assembled over the holes in sections and then lowered into position. The cages incorporated the pipes and valves of the concrete injection system and a 100mm-diameter steel pipe to inject concrete to as much as 10 metres below and around the foot of the pile. More than 2000 tonnes of concrete were injected into the subsoil by this method.

einige Pfähle durch diese Hohlräume gebohrt und daher nicht ausreichend zur Lastabtragung beitragen würden. Mit Hilfe von Zementinjektionen sollten die Hohlräume geschlossen werden: die Kalkebank im Bereich des Pfahlfußes wurde mit flüssigem Betonmörtel unter hohem Druck verpreßt.

Der endgültige Gründungsentwurf sah 111 Stahlbeton-Großbohrpfähle vor, die in drei Gruppen unter den Ecken des Gebäudes angeordnet wurden, wobei die Lasten über einen 12 Meter hohen Kellerkasten mit 3 Meter dicken Außenwänden und einer 2,5 bis 4,5 Meter dicken Bodenplatte abgetragen werden.

Zu Beginn der Gründungsarbeiten im August 1994 mußten zunächst die alten sechs- und siebenstöckigen Gebäude auf dem Gelände abgerissen und die darunterliegenden Kellergeschosse verfüllt werden. Anschließend konnte mit den Bohrarbeiten begonnen werden, zum Abteufen der Pfähle wurden vier hydraulische Verrohrungsmaschinen eingesetzt. Die Sande und Tone wurden mit Kugelkopfgreifern ausgehoben, der Fels in den Inflatenschichten wurde mit 10 Tonnen schweren Freifallmeißeln zerkleinert. Sobald das Aushubziel erreicht war, mußten die 10 Tonnen schweren Bewehrungskörbe über dem Bohrloch zusammengesetzt und dann eingebaut werden. Diese Bewehrungskörbe enthielten die Ventilrohre und

Excavations for the basement box that would distribute the load to the piles were dug to a depth of 9 metres and surrounded by piled retaining walls, 1.5 metres thick near the existing tower and 0.9 metres thick elsewhere. Finite element calculations proved that no internal steel stiffening structure was necessary, leaving a relatively clear site for the building of the superstructure.

By April 1995 the piling was complete, but the engineers' job did not come to an end. The task now was to monitor the performance of the foundations over the whole construction programme and for an indefinite period after completion. Consequently, 30 of the piles were installed complete with an array of measuring instruments to record the stresses and strains in the substructure. The results were brought together in a measurement station in the basement of the new tower, where they were – and are – carefully recorded and relayed to the geo-technology laboratories at Darmstadt University. This not only confirmed the stability of the building as it grew, but also provided an accurate check on the initial calculations. Constant monitoring of a variety of foundations over the past 10 years has added immeasurably to the engineers' knowledge of soil conditions in the Frankfurt area.

In the design of foundations for tall buildings the fundamental criterion is the rate and extent of overall and differential settlements. Previous towers built in the city, with either raft or piled raft foundations, have shown overall settlements in the range 10 to 30 centimetres. Since the completion of the superstructure, the piles supporting the new Commerzbank tower have only settled around 2 centimetres and the old tower has settled 0.6 centimetres. These are by far the smallest settlements ever measured in tall buildings in Frankfurt.

das 100mm große Stahlrohr für die bis zu 10 Meter unter die Pfahlspitzen reichenden Gebirgsinjektionen. Mehr als 2000 Tonnen Beton wurden mit diesem Verfahren in die Kalkebank injiziert.

Die Baugrube für den Kellerkasten, der die Lasten gleichmäßig auf die Pfähle abträgt, ist neun Meter tief und wurde durch eine am alten Hochhaus 1,5 sonst 0,9 Meter dicke Bohrpfahlwand gesichert. Finite-Element-Berechnungen zeigten, daß eine stählerne Innenaussteifung nicht nötig war, und so blieb auf dem Gelände relativ viel Freiraum für den aufgehenden Bau.

Im April 1995 waren die Pfahlbauarbeiten beendet, die Arbeit der Ingenieure war damit jedoch noch lange nicht abgeschlossen. Während der gesamten Bauausführung und auf unbestimmte Zeit nach der Fertigstellung soll das Verhalten der Gründung überwacht werden. An dreißig Bohrpfählen wurden die unterschiedlichsten Meßgeräte installiert mit deren Hilfe die Spannungen und Dehnungen in den Gründungskörpern aufgezeichnet werden. Die von den elektrisch und hydraulisch messenden Systemen ermittelten Daten werden in einer Meßstation im Keller zusammengeführt, erfaßt und an die geotechnischen Labors der TH Darmstadt übermittelt. Die Messungen haben nicht nur die Standsicherheit des während der Bauausführung stetig wachsenden Turmes gezeigt, sie haben auch die akkurate Bestätigung der Vorausberechnungen ermöglicht. Langzeitmessungen an einer Reihe von Fundamenten in Frankfurt haben im Laufe der letzten zehn Jahre das Wissen über die geologischen Bedingungen im Frankfurter Raum erheblich vergrößert.

Die kritischen Faktoren beim Gründungsentwurf für Hochhäuser sind das Setzungsverhalten des Gebäudes selbst und Mitnahmesetzungen anderer Gebäude. Bestehende Hochhäuser in Frankfurt, die mit reiner Flachgründung oder mit einer kombinierten Pfahl-Plattengründung ausgeführt wurden, haben sich um 10 bis 30 Zentimeter gesetzt. Seit Fertigstellung des Rohbaus hat sich der neue Commerzbankturm erst um circa 2 und der alte Turm um 0,6 Zentimeter gesetzt. Dies sind mit Abstand die besten Werte für die Setzung von Hochhäusern in Frankfurt.

The reinforcement cage for one of the piles being lowered into position.

Der Bewehrungskorb für eines der Bohrlöcher wird in Position gehoben.

9 August 1995. The main foundation work was completed in June 1995 and preparation for the erection of the main steel frame began immediately. By August, the steelwork for the new tower had already reached level 7 but, from a distance, the only signs of the growing tower were the specially designed red cranes close to the old Commerzbank building.

9. August 1995. Nachdem der Hauptteil der Gründungsarbeiten im Juni 1995 abgeschlossen war, wurde sofort mit den Vorbereitungen für die Montage des Stahltragwerks begonnen. Im August hatte der Stahlbau bereits das 7. Geschoß erreicht. Von weitem sah man bis dahin trotzdem nur die speziell entworfenen Kräne neben dem alten Commerzbankturm.

August 1995. Viewed from the upper levels of neighbouring towers, the triangular plan-form of the building is now clearly defined by the rapidly growing steel frame, with only the east wing *(at the top of the picture below)* yet to rise above the concrete structure of the multi-storey car park. On such a small site the scheduling of deliveries and crane-time had to be carefully co-ordinated. Six tower cranes were carefully positioned to serve every aspect of the construction work: three for the perimeter buildings, one each climbing within the steel frames of the north and south cores, and the largest standing independently next to the west core.

August 1995. Die Montage des Tragwerks schritt schnell voran. Von den höheren Stockwerken benachbarter Hochhäuser aus, war der dreieckige Grundriß des Gebäudes bereits deutlich zu erkennen. Im Ostsegment *(am oberen Rand des Fotos unten)* war allerdings erst die Betonstruktur des Parkhauses fertiggestellt. Auf einem so kleinen Bauplatz mußten die Liefer- und Kranzeiten während des gesamten Projekts sehr genau mit dem Bauablauf abgestimmt werden. Sechs Kräne mußten so positioniert werden, daß sie die notwendigen Hubarbeiten in allen Bauabschnitten ausführen konnten: Der größte Kran neben dem Westkern war freistehend, weiterhin gab es zwei Innenkletterer im Nord- und Südkern sowie drei Kräne für die Randbebauung.

August 1995. Fabricated and erected by DSD Dillinger Stahlbau GmbH, and with a total weight of around 18,800 tonnes, the steelwork for the new Commerzbank tower was not that large a job for a company more used to erecting power stations and industrial facilities. Instead, the challenge lay in assembling many large elements to very tight tolerances on a fast-track programme. Before work began on site, a two-storey-high section of one of the building's cores was assembled off site, using real elements of the frame, to test and refine the erection sequence.

August 1995. Die Stahlkonstruktion wurde von DSD Dillinger Stahlbau GmbH in Saarlouis gefertigt und montiert. Für ein Unternehmen, das bisher hauptsächlich Kraftwerke und Industrieanlagen gebaut hatte, war nicht so sehr das Gesamtgewicht des Tragwerks von circa 18.800 Tonnen eine Herausforderung, als vielmehr die Montage großer Stahlbauteile unter Einhaltung der hohen Toleranzvorgaben und des straffen Zeitplans. Der Montageablauf wurde vor dem Beginn der Arbeiten auf der Baustelle an einem zweistöckigen Abschnitt der Kerne mit Originalbauteilen erprobt und optimiert.

The two-storey-high link frames that connect the main composite 'megacolumns'. Essential to the integrity of the entire structure, the link frame's main horizontal members measure 300 x 1100mm, with steel thicknesses up to 35mm. Vertical members are a little smaller.

Die zweigeschossigen Verbindungsrahmen zwischen den Megastützen sind auf diesem Bild noch nicht mit Beton ummantelt. Da es sich um ein aussteifendes Bauelement handelt, haben die Riegel mit einer Stahldicke von bis zu 35mm die stattliche Abmessung von 300 x 1100mm. Die Stiele sind ähnlich dimensioniert.

September 1995. Supported on secondary beams spanning between the outer Vierendeel frame and inner atrium beams, the office floor slabs provide the steel frame with much of its dimensional stability. Consequently, they were completed as quickly as possible to provide a stable base for the rising steelwork, normally no more than five or six storeys above. The slab itself was formed with a 130mm-thick layer of reinforced concrete, poured *in situ* over permanent ribbed-steel shuttering. To minimise loadings, a lightweight concrete with a specific weight of 20kN/m³ was used. With the steel beams encased in 20mm-thick fibreboard, the whole floor offers the necessary two-hour fire separation between levels.

September 1995. Die Geschoßdecken, die auf zwischen den Vierendeelrahmen und Atriumrandträgern spannenden Trägern auflagern, tragen maßgeblich zur Stabilisierung der Röhre bei. Da die Deckenscheiben das aufgehende Stahltragwerk horizontal aussteifen, eilte die Montage des Stahlbaus dem Betonieren der Decken im allgemeinen höchstens um fünf oder sechs Stockwerke voran. Die 130mm dicke Ortbetondeckenplatte wurde auf Stahlverbundbleche aufgebracht. Zur Gewichtsersparnis setzte man leichten Normalbeton mit einem spezifischen Gewicht von 20kN/m³ ein. Um einen Feuerwiderstand von 120 Minuten zu erreichen, wurden die Stahlträger mit circa 20mm dicken Brandschutzplatten bekleidet.

September 1995. Spanning 15.65 metres at 3-metre centres, and with webs heavily pierced to accommodate building services, the 210 x 556mm overall dimension of the floor beams *(left)* seems almost too slender to support the typical office floors' live loads of 5kN/m². However, studs extending from the top flange bind the beams to the concrete slab to create a very efficient composite structure. The photograph on the right shows the south garden at level 11.

September 1995. Bei einer Spannweite von 15,65 Metern und einem Achsabstand von drei Metern scheinen die Stahlträger *(links)* mit ihren 210 x 556mm viel zu schlank, um die Verkehrslasten der Bürogeschosse von 5kN/m² zu tragen – vor allem, wenn man bedenkt, daß sie zur Montage der Haustechnik im Auflagerbereich in der Höhe reduziert sind. Die Kopfbolzen auf den Gurten sorgen jedoch dafür, daß die Träger und der Beton im Verbund die Lasten sicher abtragen. Auf dem Foto rechts sieht man den Garten im 11. Geschoß des Südsegments.

October 1995. By the end of October 1995, work on the construction of the low perimeter buildings overlooking Kirchnerstraße and Kaiserplatz *(left)* was already well advanced. Unlike the tower, these have a traditional – for Germany – reinforced-concrete structure. The site was now becoming very congested and access ever more restricted. To facilitate deliveries into the heart of the site, one bay of the perimeter building facing Kirchnerstraße was left open until late in the project, when construction of the tower was nearly complete.

Oktober 1995. Ende Oktober 1995 waren die Bauarbeiten an der Randbebauung in der Kirchnerstraße und am Kaiserplatz *(links)* schon deutlich fortgeschritten. Im Gegensatz zum Turm hat die Randbebauung ein konventionelles Stahlbetontragwerk. Der Bauplatz wurde nun noch beengter und die Anlieferung zunehmend schwieriger. Ein Teil des Gebäudes an der Kirchnerstaße wurde daher für Lieferungen offengelassen, bis der Turm fast fertiggestellt war.

September/October 1995. Most of the weight of the tower is transmitted to the foundations by the six massive 'megacolumns', flanking the cores at each corner. These are composite structures with steel frames encased in reinforced concrete. Measuring 7.8 x 1.2 metres in plan, the overall size of each column – and of the steel members within it – remains constant over the full height of the building, with only the amount of steel reinforcement being reduced at higher levels where the load is lighter.

September/Oktober 1995. Der Großteil des Gebäudegewichts wird von den sechs Megastützen in den Ecken des Gebäudes auf die Gründung abgetragen. Diese Verbundstützen bestehen aus einem in Stahlbeton eingegossenen Stahlfachwerk. Die Außenabmessungen der Stützen (7,8 x 1,2 Meter) und die Dimensionen der Fachwerke bleiben über die ganze Gebäudehöhe konstant. Der zur Turmspitze hin abnehmenden Belastung wird durch geringere Bewehrung des Betons Rechnung getragen.

Concrete was pumped from ground level into a purpose designed, two-storey-high formwork *(left)*, supported off the finished section of column below. As each section was completed, the formwork was struck and jacked up two storeys ready for the next pour *(below)*.

Der Beton wurde vom Erdgeschoß in speziell für das Gebäude entwickelte zweistöckige Stahlschalungen gepumpt *(links)*, die von der fertigen Stütze getragen wurden. Anschließend wurde die Schalung abgerückt und kletterte dann für den nächsten Schuß um weitere zwei Stockwerke in die Höhe.

October 1995. By the end of October the steel frame had reached level 29, as high as the old tower from which these photographs were taken. Steelwork was lifted into place with yellow temporary working platforms already attached to ensure immediate access with complete safety.

Oktober 1995. Ende Oktober 1995 hatte das Tragwerk das 29. Geschoß erreicht und war nun genauso hoch wie der alte Turm, von dem aus diese Bilder aufgenommen sind. Um von Anfang an einen sicheren Zugang zu gewährleisten, wurden bereits vor dem Hochziehen an den Montageelementen gelbe Arbeitsbühnen befestigt.

October 1995. The huge Vierendeel frames on the outside of the building span a clear 34 metres between the megacolumns, leaving the four-storey-high gardens column-free. During construction, however, temporary supports were inserted while the structural frame above was completed and the megacolumns cased in concrete. These photographs show the south gardens at level 23 *(left)* and level 11 *(right)* with the temporary supports still in place. The supports stand on hydraulic jacks which were used to generate a carefully calculated upward camber in the frame above during construction.

Oktober 1995. Die Vierendeelrahmen an der Außenseite des Gebäudes überspannen die 34 Meter zwischen den Megastützen, so daß in den viergeschossigen Gärten keine Stützen nötig sind. Bis die Vierendeelrahmen fertiggestellt und sowohl die Megastützen als auch die Decken vollständig einbetoniert waren, wurden vorübergehend Montagestützen eingesetzt. Diese Fotos zeigen die südlichen Gärten im 23. *(links)* und 11. Stock *(rechts)* vor der Entfernung der Stützen. Die auf schweren hydraulischen Pressen aufgelagerten Hilfsstützen sorgten für eine genau berechnete Überhöhung der darüber liegenden Vierendeelrahmen während der Montage.

October 1995. Prefabricated off site to the maximum size possible for safe transport, the steelwork was lifted into place in two-storey-high sections. In these photographs, work has started on a new level and the steel core of one of the megacolumns is already in place. The section being lifted is the link frame that will connect the megacolumn to its neighbour. The cranes that climbed within the tower's steelwork were specially modified to suspend and position loads very close to their supporting towers.

Oktober 1995. Im Zwischenlager wurden einige Stahlbauteile soweit wie möglich vormontiert, wobei die Transportsicherheit Beschränkungen auferlegte. An Ort und Stelle wurde der Verbindungsrahmen in zweige-schossigen Einheiten eingehoben. Auf diesen Fotos werden gerade zwei neue Geschosse begonnen, das Stahl-fachwerk einer der Megastützen ist bereits montiert. Das Bauteil, das ge-rade am Kran hängt, wird die Mega-stützen auf beiden Seiten der Aufzugs-vorräume in der Ecke des Gebäudes miteinander verbinden. Die zum Teil innerhalb des Gebäudes in den Fahr-stuhlschächten stehenden Wolffkräne wurden speziell für dieses Projekt so umgebaut, daß sie auch nahe am Turm Lasten heben können.

October 1995. Two full storeys, or around 600 tonnes of steelwork, were lifted and positioned in one week, with each element being carefully surveyed for accuracy before final welding and bolting. The sequence of assembly followed a strict routine, starting with the triangular atrium columns and connecting beams *(below)*, then a prefabricated single-storey section defining the inner structure of each core, followed by the external megacolumns and link frames, the Vierendeel frames of the facades and, finally, the floor beams. Work started with a different core at each double level to minimise any cumulative inaccuracies.

Oktober 1995. Pro Woche wurden zwei Geschosse des Tragwerks mit einem Gewicht von fast 600 Tonnen montiert und genau auf Einhaltung der Toleranzen überprüft, bevor die Bauteile endgültig verschweißt und verschraubt wurden. Anschließend wurden die nächsten Stockwerke begonnen. Der Montageablauf war genau festgelegt: zunächst wurden die dreieckigen Atriumstützen und Atriumträger montiert *(unten)*, anschließend die Fachwerke der Megastützen und die Verbindungsrahmen, dann die Vierendeelrahmen und schließlich die Deckenträger. Um akkumulierende Ungenauigkeiten möglichst gering zu halten, wurden die Fachwerke der Megastützen in den einzelnen Einheiten jeweils in anderer Reihenfolge eingehoben.

Rising two storeys above the highest steelwork, the temporary surveying platform erected inside the atrium (*left top*) gave a clear view of the 50 or so reference points that were used to position each element accurately.

Mit einem Vorlauf von zwei Geschossen gegenüber der Oberkante des jeweils zu montierenden Stahlbaus, erlaubte die im Atriumbereich fixierte Meßbühne (*links oben*) freie Sicht auf die 50 Markierungen, die für die genaue Einmessung aller Elemente erforderlich waren.

December 1995. Manufactured by Josef Gartner & Co, the first cladding panels arrived on site at the beginning of November and were immediately lifted into place to provide weather protection for following trades working inside the building. By early December this was well advanced, with the main office cladding already up to level 10. Meanwhile, at the foot of the tower, work had begun on the curved wall of the plaza and the service areas between it and the existing buildings that define the city block to the south.

Dezember 1995. Die ersten Fassadenelemente der Firma Josef Gartner & Co. wurden im November 1995 angeliefert und sofort montiert, um Wetterschutz für nachkommende Gewerke im Gebäudeinnern zu bieten. Anfang Dezember war die Fassade bereits weit fortgeschritten: Die Regelgeschoßfassade war im 10. Geschoß angelangt. Am Fuß des Gebäudes hatten die Arbeiten an der geschwungenen Wand der Plaza und an den Technikbereichen zwischen der Plaza und den bestehenden Gebäuden im südlichen Häuserblock begonnen.

December 1995. By the beginning of December, work on the structural steelwork had reached level 41 – almost the full height of the tower's east wing. Inside, the first of the decks dividing the atrium is now in place at level 19 *(left)*, as are the white brackets that will carry the deck at level 7. Made from folded, triangular steel sections, the deck frames were assembled on the floor of the adjacent east garden *(right)* using a special jig, and then manoeuvred sideways into the atrium.

Dezember 1995. Anfang Dezember 1995 war die Montage des Stahlbaus bis zum 41. Geschoß abgeschlossen und hatte somit fast die endgültige Höhe des Ostflügels erreicht. Im Innern ist jetzt die Stahlkonstruktion der ersten Glasdecke zur Unterteilung des Atriums eingezogen *(links)*. Man sieht weiterhin die weißen Auflagerkonstruktionen, die diese Decks im 7. Geschoß tragen werden. Die Deckenrahmen wurden auf dem Boden des angrenzenden östlichen Gartens *(rechts)* mit Hilfe einer speziellen Spannvorrichtung aus gefalzten, dreieckigen Stahlprofilen zusammengesetzt und von dort ins Atrium eingeschwenkt.

December 1995. Once the external cladding was in place work could proceed within, starting with the building of the permanent core walls and the lift-shaft enclosures, and the casing of the steelwork for fire protection. Weight reduction was crucial and materials were chosen for their lightness, such as the Hebel aerated concrete blocks for the walls and panels for the lift shafts.

Dezember 1995. Sobald die Fassade geschlossen war und Wetterschutz bot, konnte man im Gebäudeinnern weiterarbeiten; begonnen wurde mit den Wänden in den Kernen, einschließlich der Wände des Aufzugsschachts und der Feuerschutzbekleidung der Stahlkonstruktion. Maßgeblich war die Reduzierung des Gewichts, das heißt, es wurden möglichst leichte Werkstoffe gewählt, unter anderem Leichtbetonplatten der Firma Hebel für die Wände und Paneele der Aufzugsschächte.

December 1995. Just five months after the first steel arrived on site and already the new tower dominates the skyline of central Frankfurt – whether seen from the Zeil *(left)* or from the Römer *(right)*, the old town square and site of the traditional Christmas market. As a skyscraper, the Commerzbank tower is best viewed from a distance. Nevertheless, at closer quarters, it respects the old street pattern by preserving existing buildings on the site or redefining the edge of its city block with new perimeter buildings.

Dezember 1995. Nur fünf Monate nach dem Beginn der Stahlbauarbeiten dominiert der neue Turm bereits die Skyline von Frankfurt – selbst bei Nacht! Sowohl von der Zeil *(links)* als auch vom Römer *(rechts)* aus gesehen, bietet er einen eindrucksvollen Anblick. Ein Hochhaus wie die Commerzbank ist immer aus der Entfernung am eindrucksvollsten, aber auch aus der Nähe betrachtet fügt es sich in das alte Stadtbild ein: bestehende Gebäude auf dem Grundstück wurden entweder erhalten oder der Block wurde durch neue Randgebäude wieder definiert.

December 1995. By far the most sophisticated individual elements of the structural frame are the massive atrium columns, equilateral triangles in plan and measuring 1400mm along the sides. To avoid the need for additional fire protection, these were fabricated with an inner core and outer shell in 7.5-metre-high sections that were filled with concrete after positioning on site. The steel wall thicknesses vary from 25 to 80mm for the core and 10 to 40mm for the shell, depending on each section's final position in the height of the building. Vertical forces are transferred by contact alone, requiring very fine tolerances, with the outer shells being welded *(right)* only to resist lateral forces. As can be seen here, temporary external stays were required for the thinner topmost sections to resist the pressure of the wet concrete as it set.

Dezember 1995. Die Atriumstützen haben im Querschitt die Form eines gleichseitigen Dreiecks mit einer Seitenlänge von 1400mm. Um eine zusätzliche Brandschutzbekleidung zu vermeiden, wurden sie zweigliedrig konzipiert: Sie bestehen aus mit Hilfe von Fahnenblechen verschweißten Mantel- und Kernblechen und sind das komplexeste Einzelelement des Tragwerks. Die 7,5 Meter langen Schüsse wurden mit Ortbeton vergossen. Die Stärke der Stahlbleche schwankt, abhängig von der Position des Elements im Gebäude, zwischen 25 und 80mm im Kern, beziehungsweise 10 und 40mm für den Mantel. Da die vertikalen Kräfte an den Stößen allein durch Kontakt übertragen werden, mußten geringste Toleranzen eingehalten werden. Der Mantel wurde zur Ableitung lateraler Kräfte verschweißt *(rechts)*. Wie auf dem Foto zu erkennen ist, mußten während des Ausbetonierens die Mantelbleche zusätzlich ausgesteift werden, um dem Druck des frischen Betons standzuhalten.

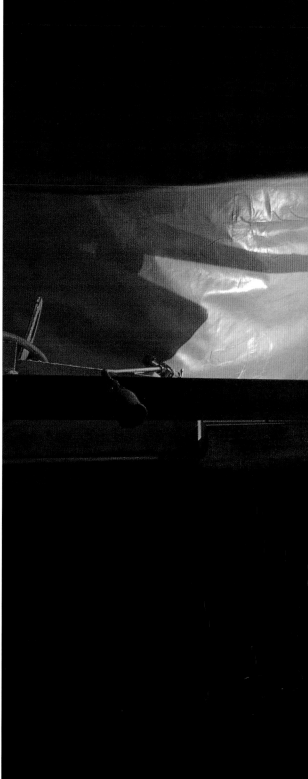

December 1995. Welding of the steel frame continued through a harsh winter, with only a red tarpaulin sheet to provide protection from biting easterly winds. At times the wind-chill factor brought the effective temperature down to -20°C and the steel had to be preheated to ensure the welds would take at full strength. For ease of construction, most on-site connections were made using friction grip bolts and cover plates. Welded connections were used between the Vierendeel frames and the composite megacolumns, however, as this was the best way to take up the necessary tolerances.

Dezember 1995. Die Schweißarbeiten am Tragwerk wurden trotz des harten Winters nicht unterbrochen; der einzige Schutz gegen den eisigen Ostwind war eine rote Plane. Bei Wind sanken die effektiven Temperaturen gelegentlich auf 20 Grad unter Null, und der Stahl mußte vor dem Schweißen vorgewärmt werden, um die volle Tragfähigkeit der Schweißnähte zu gewährleisten. Für eine einfache Montage wurde der Großteil der Anschlüsse durch Laschen verschraubt. Die Verbindungen zwischen den Vierendeelrahmen und den Megastützen wurden jedoch geschweißt, da hierbei die Toleranzen besser ausgeglichen werden können.

December 1995. Twilight, and Frankfurt is bedecked with Christmas lights. German law restricts working hours on building sites to minimise disturbance. As a consequence, all construction work on the Commerzbank building stopped at 8pm on weekdays and 5pm on Saturdays, the only exception being the delivery of the largest or heaviest elements which were brought to site after 9pm to avoid heavy daytime traffic. On Sundays the site was quiet and, more importantly, the steelwork was free from vibration, making it an ideal time to carry out accuracy surveys.

Dezember 1995. Abendstimmung am 11. Dezember 1995 – ganz Frankfurt ist bereits weihnachtlich erleuchtet. Um die Lärmbelästigung einzugrenzen, sieht die deutsche Gesetzgebung beschränkte Arbeitszeiten auf Baustellen vor. Die Bauarbeiten mußten daher werktags um 20 Uhr, am Samstag um 17 Uhr beendet werden. Nur die Lieferung der größten und schwersten Bauteile fand außerhalb der Hauptverkehrszeiten, also hauptsächlich nach 21 Uhr, statt. Sonntags kehrte Ruhe auf der Baustelle ein, und das Tragwerk war frei von Vibrationen – der ideale Tag also für Kontrollmessungen.

January 1996. With steelwork erection continuing in extremely cold conditions, great care had to be taken during the setting out of the steel to allow for the subsequent expansion as it returned to normal temperatures. The picture on the right shows the double-height conference area at level 49 of the south wing.

Januar 1996. Da die Montage des Tragwerks auch bei hartem Frost fortgesetzt wurde, mußte bei der Ausrichtung des Stahlbaus der späteren Wärmedehnung bei Rückkehr zu normalen Temperaturen Rechnung getragen werden. Das rechte Foto zeigt die doppelstöckigen Konferenzräume im 49. Stock des Südflügels.

January 1996. Freezing temperatures at the top of the building called for a series of special precautions, including the installation of temporary screening where the thin concrete floor slabs were being poured. Even though these were cast using a special antifreeze concrete mix, and protected by matting while they cured, the resulting finish did not always meet quality standards and a levelling screed had to be applied later in the year, when the temperature was more equable, to make a suitable surface on which to fix the raised flooring system.

Januar 1996. Auf Grund des schweren Frosts mußten in den oberen Geschossen besondere Vorkehrungen getroffen werden. Vor allem beim Betonieren der dünnen Decken mußten große Planen zum Windschutz eingesetzt werden. Obwohl sie aus einer besonderen Betonrezeptur mit Frostschutz gegossen und während des Abbindens mit Matten geschützt wurden, entsprachen die Oberflächen nicht immer den Qualitätsanforderungen, und so mußte im Verlauf des Jahres unter günstigeren Temperaturbedingungen Ausgleichsestrich aufgebracht werden, um eine für den aufgeständerten Fußboden geeignete Oberfläche zu schaffen.

21 January 1996. The main steelwork is now at level 51 and one of the last set of megacolumn cores is being lifted into place on the south side of the building. By this time, erection of the steelwork had settled into a steady routine. While the two uppermost floors were being lifted into position, the two floors below were undergoing final bolting and welding. Two storeys below that, the encasing of the megacolumns and the pouring of the floor slabs was under way behind temporary sheeting that provided protection from biting winter winds. Note the horizontal 'beam' omitted from the Vierendeel frame at level 50 to form the double-height conference suite.

21. Januar 1996. Die Stahlkonstruktion war inzwischen im 51. Geschoß angekommen. Einer der letzten Schüsse der Kern- und Megastützen wurde an der Südseite des Gebäudes in seine Position verbracht. Inzwischen war die Montage des Stahlbaus zur Routine geworden. Während die beiden obersten Geschosse in Position gehoben wurden, wurden parallel dazu in den beiden darunterliegenden Ebenen die abschließenden Schraub- und Schweißarbeiten durchgeführt. Wiederum zwei Stockwerke tiefer, wurden hinter einer Plane zum Schutz vor dem eisigen Wind die Megastützen eingeschalt und die Geschoßdecken betoniert. Es fällt auf, daß im 50. Geschoß der Riegel des Vierendeelträgers fehlt: die Konferenzräume sollen über doppelte Raumhöhe verfügen.

115

March 1996. Construction was a carefully phased operation, with successive building elements and specialist subcontractors following each other up the building as it grew. By the beginning of March the steel frame of the main tower was complete *(the picture on the right shows an upward view from level 31)* and the atrium cladding, rising in tandem with the cladding of the external facades, was up to level 27. Meanwhile, on the lowest floors, installation of the building services had just begun.

März 1996. Die Abfolge der Bauarbeiten war bezüglich der Bauwerkselemente, sowie der einzelnen Gewerke sehr genau geplant, wobei sich die jeweiligen Vertragsunternehmen im wachsenden Turm nach oben arbeiteten. Anfang März war der Stahlrahmen des Hauptgebäudes fertiggestellt. *(Das Foto links zeigt den Blick nach oben aus dem 31. Stockwerk.)* Die zeitgleich montierten Atrium- und Außenfassaden waren bis zum 27. Stock vorangeschritten. In den untersten Stockwerken wurde bereits die Gebäudetechnik installiert.

March 1996. The mezzanine floor, or gallery, at level 50 *(left)*, that overlooks the double-height conference area. The gallery's 23-metre long edge beam is supported at intermediate points by stainless steel hangers from the floor above to reduce its deflection under live loads. By this time, the installation of secondary elements in the main service cores was also well advanced, including the escape stairs *(below)*. Manufactured in precast concrete, these arrived on site in half-storey sections, each with its relevant segment of half-landing already attached.

März 1996. Die Galerie der doppelgeschossigen Konferenzräume im 50. Stock. Der 23 Meter lange Randträger der Galerie ist zur Minimierung von Schwingungen mit schlanken Hängern ohne Brandschutzbekleidung nach oben abgehängt. Inzwischen war auch die Montage der sekundären Elemente, einschließlich der Fluchttreppen, in den Erschließungskernen weit fortgeschritten *(unten)*. Die Fertigteile für die Treppen wurden als Treppenlauf mit halbem Podest geliefert.

March 1996. Requiring a full two-hour fire separation from the office floors, the lift shafts are lined with 175mm-thick aerated concrete panels set vertically. Manufactured locally by Hebel Alzenau GmbH, these are less than half the weight of traditional concrete panels, but give almost the same level of fire protection. Providing a total area of around 20,000 square metres when completed, the 12,000 or so individual panels had to be manufactured and installed to very tight tolerances to avoid interfering with the lift cars' running gear.

März 1996. Da auch für die Aufzugsschächte eine Feuerwiderstandsklasse von 120 Minuten gefordert war, wurden hier 175mm starke, vertikale Porenbetonplatten der Firma Hebel Alzenau GmbH eingesetzt. Gegenüber herkömmlichem Mauerwerk aus Betonblocksteinen erlauben sie, bei gleichwertigem Feuerwiderstand, eine Gewichtsreduzierung um mehr als die Hälfte. Um nicht mit den Aufzugsschienen zu kollidieren, mußten die insgesamt fast 12.000 Paneele, mit einer Gesamtfläche von 20.000 Quadratmetern, mit den sehr geringen Toleranzen des Aufzugsbaus hergestellt und montiert werden.

March 1996. By the beginning of March, construction of the main tower was complete and work had started on the extended service tower over the west core. Standing on its own support tower, which was connected back to the building at just four points, the largest of the tower cranes has now been extended to its full height. The crane that climbed with the north core, however, has already been dismantled.

März 1996. Anfang März war der Rohbau des Turms fertiggestellt, und der Bau des Versorgungsturms über dem Westkern hatte begonnen. Der größte Kran, der auf seinem eigenen Kranschaft stand und an nur vier Punkten mit dem Gebäude verbunden war, hatte jetzt seine volle Höhe erreicht. Der Kran, der mit dem Nordkern hochgeklettert war, war dagegen schon wieder abgebaut.

March 1996. Photographed from an inspection cradle suspended from the tallest tower crane, the full height of the building's structural frame can now be seen. Only the construction of the extended service and cooling tower, over the west core, remains to be completed. Unlike the main tower, which gains torsional stability from its 'perforated tube' structure, the service and cooling towers are braced against high wind loadings by a network of diagonal steel members.

März 1996. Das Foto links wurde von einem am Hauptkran hängenden Korb aufgenommen. Der Stahlbau war jetzt bis zur Turmspitze abgeschlossen. Nur der Kühl- und der Versorgungsturm oberhalb des Westkerns mußten noch fertiggestellt werden. Die durchbrochene Röhre des Hauptturms sorgt für Torsionssteifigkeit, die am Versorgungsturm und am Kühlturm angreifenden Windlasten dagegen werden über eine Fachwerkstruktur mit diagonalen Stäben abgetragen.

March 1996. With the temporary supports removed, the impressive spatial effect of the gardens – whether at level 31 in the east wing *(left)* or level 35 in the south wing *(right)* – became fully apparent. For the time being, however, they were to serve as little more than convenient delivery and storage areas, with temporary loading platforms cantilevered away from the edge of the garden floors to ease the transfer of bulky materials and components from crane to building interior.

März 1996. Nach Entfernen der Montagestützen kam die beeindruckende Transparenz der Gärten voll zur Geltung: etwa der östliche Garten im 31. Stock *(links)*, oder im 35. Stock des Südsegments *(rechts)*. Zunächst mußten die Gärten jedoch als Vormontagefläche und Zwischenlager herhalten: Sperrige Bauteile und Material wurden vom Kran auf großen, auskragenden Ladeplattformen an der Außenfassade der Gärten abgeladen und konnten so einfacher ins Gebäudeinnere verbracht werden.

March 1996. The picture on the left reveals the conceptual and formal elegance of the Vierendeel frames, even though in reality the individual elements are immense. Horizontal members measure 475 x 1100mm overall, with steel up to 65mm thick. At 475 x 1000mm, vertical members are a little smaller but these use steel thicknesses up to 85mm. As seen here, the vertical members are positioned closer to the supporting mega-columns as a compromise balance between resistance to wind loads and to gravitational forces. The wires apparent in the detail view *(right)* acted as guides during the setting out of the cladding panel support brackets.

März 1996. Das Bild links zeigt die elegante und schlichte Formgebung der Vierendeelrahmen, die in Anbetracht der Größe der einzelnen Elemente besonders beachtlich ist. Die Riegel messen bei einer Blechdicke von maximal 65mm 475 x 1100mm über alles. Bei der Anordnung der Stiele wurde ein Kompromiß zwischen der Abtragung der Windlasten und der Vertikallasten eingegangen; auch sie haben mit 475 x 1000mm, bei Blechdicken bis zu 85mm, eine ganz beachtliche Größe. Die Drähte, die auf der Nahaufnahme *(rechts)* zu sehen sind, dienten als Richtschnur bei der Montage der Befestigungsanker für die Fassadenpaneele.

April 1996. It was a requirement of the planning permission that the scale of the surrounding streets should be maintained by perimeter buildings that define the edge of the original urban block. By the beginning of April, the perimeter buildings on Kirchnerstraße had reached their full height and installation of the specially designed, stone and glass cladding panels was under way. Manufactured in the Netherlands by Scheldebouw BV, these arrived on site as complete units. Double-height shops at street level are surmounted by seven levels of car parking at the centre of the block, and five levels of apartments and a two-storey penthouse at each end.

April 1996. Die Baugenehmigung für den Turm wurde unter der Bedingung erteilt, daß der Maßstab der umgebenden Bebauung in der Blockrandbebauung aufgenommen wird. Anfang April 1996 hatte die Randbebauung in der Kirchnerstraße ihre endgültige Höhe erreicht, und die Montage der speziell entwickelten Elementfassade mit integrierter Verglasung und Natursteinausfachung hatte begonnen. Die von der Firma Scheldebouw BV in den Niederlanden hergestellten Paneele wurden als vollständige Einheiten geliefert. Über den doppelgeschossigen Läden befinden sich im mittleren Gebäudeblock ein siebenstöckiges Parkhaus und in den Randblöcken jeweils fünf Wohngeschosse und abschließend zwei Geschosse für Penthäuser.

April 1996. In the hidden heart of the site, the frame of the plaza roof is almost complete. Radiating beams, up to 22 metres in length, span from level 4 of the tower to the screen wall that divides the plaza from the service areas beyond. The screen wall does not have a simple circular geometry but follows a long, accelerating curve that starts next to the perimeter building at the south core and wraps right around the new tower to the main entrance steps on Große Gallusstraße.

April 1996. Versteckt im Innern des Bauplatzes ist das Tragwerk des Plazadaches fast fertiggestellt. Vom vierten Stock des Turms spannen circa 22 Meter lange Träger strahlenförmig zu einer Trennwand, die die Plaza von den dahinterliegenden Versorgungsräumen trennt. Die Plazawand ist nicht einfach kreisförmig, sondern folgt, von der Haupteingangstreppe in der Großen Gallusstraße ausgehend, einer langen, geschwungenen Linie um den Fuß des Turms herum.

April 1996. With only the north and south wings of the tower extending above level 43 (to levels 51 and 53 respectively), temporary supports were required between the outer atrium columns *(left)* to provide stability until the main frame was fully finished. Shown here with its structural frame complete *(right)*, the service tower is little more than an extension of the west core, which rises four extended storeys above the roof of the highest south wing to house the building's main heating and ventilation equipment.

April 1996. Da nur die Nord- und Südsegmente des Turms mehr als 43 Obergeschosse haben (nämlich 51 beziehungsweise 53), mußten zur Stabilisierung des Tragwerks bis zur Fertigstellung zwischen den Atriumstützen temporäre Koppelstäbe gespannt werden *(links)*. Das Tragwerk des Versorgungsturms ist hier bereits fetiggestellt, und man erkennt, daß es eigentlich eine Verlängerung des Westkerns darstellt. Der Versorgungsturm überragt das Dach des Südsegments um vier Stockwerke und nimmt die Hauptklima- und Heizungsanlagen des Gebäudes auf.

April 1996. Once construction of the main service tower was complete, the erection of the secondary cooling tower – which incorporated the base of the future antenna – proceeded immediately. The cooling equipment to be housed in this part of the tower left very little room for manoeuvre, and it proved easier to position the equipment first and then assemble the prefabricated sections of the tower around it.

April 1996. Auf den fertiggestellten Versorgungsturm wurde sofort der Kühlturm mit dem Fuß der Antenne gesetzt. Die Kühlaggregate im Kühlturm ließen wenig Bewegungsfreiheit, so daß es einfacher war, zunächst die Anlage zu montieren und anschließend den Turm geschoßweise in vorgefertigten Elementen darum herum zu bauen.

7 June 1996. The view from Sachsenhäuser Ufer on the south bank of the River Main. Only one more level of the cooling tower remains to be added to achieve the 258.7-metre height of the main structural frame and establish the building as the tallest in Europe.

7. Juni 1996. Blick vom Sachsenhäuser Ufer südlich des Mains. Bis zu den 258,7 Metern endgültige Höhe des Haupttragwerks fehlt noch ein Geschoß, somit ist der Turm das höchste Gebäude Europas.

139

June 1996. The massive steel and concrete megacolumns that support the main tower continue upwards into the lower part of the service tower. Above level 57, the steel frame of the secondary cooling tower takes over. At the time these photographs were taken, a protective layer of intumescent paint had been applied to all parts of the structural frame except the bolted connections. These were coated later when the tower was complete and final alignment checks had been made.

Juni 1996. Die schweren Hauptkernstützen des Westkerns reichen bis in den unteren Teil des Versorgungsturms, der jetzt fast fertiggestellt ist. Oberhalb des 57. Stockwerks sieht man die reine Stahlstruktur des Kühlturms. Zum Zeitpunkt dieser Aufnahme waren alle Tragwerkselemente außer den Schraubanschlüssen mit einer zementgebundenen Brand- und Korrosionsschutzbeschichtung versehen, die im Brandfall aufschäumt. Die Anschlüsse wurden beschichtet, sobald der Turm fertiggestellt und die abschließenden Vermessungen vorgenommen waren.

June 1996. Looking down from the top of the cooling tower in the late afternoon *(right)*, with the building casting a long shadow over the city centre. Service connections between the west and south cores are accommodated in the secondary plant rooms at levels 51 and 52, leaving the roof of the south wing clear. Connections to the north core, however, are housed in a low structure *(below)*, shown here under construction on the roof of the north wing.

Juni 1996. Die Aufnahme vom Dach des Kühlturms am späten Nachmittag *(rechts)* zeigt den großen Schatten, den das Gebäude auf die Stadt wirft. Die Versorgungsleitungen zwischen dem Süd- und Westkern befinden sich in den dezentralen Technikräumen im 51. und 52. Stock, so daß das Dach des Südsegments frei bleibt. Die Leitungen zum Nordkern hingegen sind in einem kleinen Aufbau auf dem Dach des Nordsegments untergebracht, der hier gerade im Bau ist *(unten)*.

142

23 August 1996. With the structural frame now completed, it was time to celebrate the building's 'topping out' with a traditional Richtfest. The main entrance lobby was specially cleaned for the occasion and appropriately decorated to receive honoured guests and many of those who had been involved in the building's design. Proceedings began with a series of speeches by Martin Kohlhaussen, Chairman of the Board of Directors of Commerzbank *(right)*; Hermann Glaser, Finance Minister for the City of Frankfurt *(lower right)*; and Sir Norman Foster *(below)*.

23. August 1996. Nach der Fertigstellung des Tragwerks wurde Richtfest gefeiert. Die Eingangshalle wurde speziell für diesen Anlaß hergerichtet und geschmückt, um dort geladene Ehrengäste und am Bau Beteiligte zu empfangen. Die Feier begann mit den Festreden des Sprechers des Vorstands der Commerzbank, Herrn Martin Kohlhaussen *(rechts)*, des Stadtkämmerers Herman Glaser *(unten rechts)* und Sir Norman Foster *(unten)*.

23 August 1996. Following the final speech by Dr Hans-Peter Keitel, chairman of Hochtief AG, the traditional Richtfest 'crown', decorated with flowing red, yellow, blue and white garlands, was raised from its resting place on the entrance piazza on the north side of the building to its place of honour, floating high above the completed tower. Only then could the party begin in earnest.

23. August 1996. Im Anschluß an die Rede von Herrn Hans-Peter Keitel, dem Vorsitzenden der Hochtief AG, wurde die traditionelle mit roten, gelben, blauen und weißen Bändern verzierte Richtkrone von dem Eingangsvorplatz an der Nordseite des Gebäudes auf die Spitze des Turms gehoben. Und dann ging das Fest erst richtig los . . .

6 December 1996. The antenna, a triangular truss structure fabricated in tubular steel measuring 100mm to 220mm in diameter, was lifted into position in one piece on a grey day in December 1996. Arriving on site complete with aircraft warning lights, handrails and access ladder, it was quickly bolted down and connected to its power supply. Final welding was completed over the next few days. Over 40 metres long, the antenna increases the overall height of the building to 298.74 metres.

6. Dezember 1996. Die Antenne, eine dreieckige Struktur aus verschweißten Stahlrohren – Durchmesser 100mm bis 220mm – wurde an einem grauen Dezembertag 1996 in einem Stück in Position gehoben. Die Antenne wurde komplett mit Flugbefeuerung, Steigleiter und Geländer angeliefert und mußte nur noch mit Schrauben befestigt und an die Stromversorgung angeschlossen werden. Im Endzustand sind Antenne und Kühlturmtreppenhaus verschweißt. Einschließlich der 40 Meter hohen Antenne ist der Turm somit 298,74 Meter hoch.

March 1997. With its tight city-centre site, the delivery and storage of materials had been a constant headache throughout the life of the project. The section of perimeter building on Kirchnerstraße, left open to provide access to the south of the tower, had been closed in April 1996, once work on the plaza structure had begun in earnest. Deliveries were then concentrated around a raised platform over the main entrance steps overlooking Große Gallusstraße. This was finally removed in February 1997 so that work on the steps could be completed *(far right)*. Meanwhile, the glazing of the plaza itself had been finished and the laying of the granite floor slabs was in progress.

März 1997. Auf einem so engen Bauplatz in der Innenstadt bereitete die Anlieferung und Lagerung von Baumaterialien immerwährend Kopfzerbrechen. Ein Teil der Randbebauung in der Kirchnerstraße mußte zur Belieferung des Südturms offengelassen werden und wurde erst geschlossen, als im April 1996 der Bau des Plazadachs begonnen hatte. Nun wurden die Baumaterialien hauptsächlich über eine Plattform auf der Außentreppe an der Gallusstraße geliefert. Diese Plattform wurde im Februar 1997 entfernt, und erst dann konnte die Treppe fertiggestellt werden *(ganz rechts)*. Inzwischen war das Glasdach der Plaza geschlossen, und die Bodenplatten aus Granit wurden bereits verlegt.

151

March 1997. The raising of the antenna marked the completion of the structure and shell of the building, including the internal cladding and the triangular glass floors spanning the atrium *(right)*, but there was still a long way to go. Effort was now concentrated on the completion of the fit-out and the commissioning of the services. To improve the working environment, the building's radiators had been switched on during December 1996. By the end of February, the power supply system was going through its final checks and the building management system was being calibrated, ready for the arrival of the building's first occupants at the end of May.

März 1997. Mit dem Aufrichten der Antenne waren das Tragwerk und die Gebäudehülle, einschließlich der Innenverkleidung und der dreieckigen Atriumdecks, fertiggestellt *(rechts)*. Aber das Gebäude war noch lange nicht fertig. Der Schwerpunkt der Arbeit lag jetzt auf dem Innenausbau und der Komplettierung der Gebäudetechnik. Um die Arbeitsbedingungen zu verbessern, wurde im Dezember 1996 die Heizung in Betrieb genommen. Ende Februar wurde die Stromversorgung abgenommen und die zentrale Gebäudesteuerung eingeregelt, gerade rechtzeitig zum Einzug der ersten Nutzer Ende Mai 1997.

The Cladding

Die Fassade

10 December 1995.
Construction continues
as an early winter dusk
settles over Frankfurt.
With the steel frame now
well advanced, work on
the following trades is
already in progress on
the lower floors.

10. Dezember 1995. Ein
Winterabend in Frankfurt:
auch nach Einbruch der
Dunkelheit wird weiterge-
arbeitet. Der Stahlbau ist
bereits weit fortgeschritten: in den unteren Stockwerken folgen inzwischen
die nächsten Gewerke.

For all its size and dominance in the Frankfurt skyline, the Commerzbank tower is a friendly looking skyscraper. The basic form of the building, a curved triangular monolith, is simple but its various functional elements – the core columns, the curved corners, the gardens and the office floors – are all clearly articulated by changes in the colour and texture of the external cladding. It is this expression of function and structure that gives the building its human scale. The four types of cladding – five if the cladding of the offices overlooking the atrium is included – all have a different job to do and therefore employ different technologies.

The cladding of the core columns is the simplest. Frameless, storey-height white glass panels are fixed by flush bolts to a concealed, insulated aluminium frame so that the whole surface is one flat plane over the full height of the building. But there is a subtlety here that might at first go unnoticed. At every fourth floor the horizontal joint between the panels is slightly wider so that even in this continuous towering element there is a suggestion of hierarchy and relative scale.

The faceted curtain walls that clad the rounded corners of the building have a more complicated job to do. Here, the cladding has to serve a variety of different conditions and functions: the lift lobbies, the lift shafts themselves with their glazed 'panoramic' lift cars and, on the upper floors of the building, a variety of spaces including offices, lavatories, and plant rooms. The strategy is to meet these functions' different needs in a single cladding system consisting of a regular grid of mullions and transoms infilled with a range of panel types: transparent or opaque, louvred or plain, insulated or uninsulated, and with or without internal lining walls. From a distance – and this cladding is almost always viewed from a distance – the differences are scarcely visible and the visual unity of the rounded corner is maintained.

Trotz seiner Größe und Dominanz in der Frankfurter Skyline ist der Turm der Commerzbank ein ansprechendes Hochhaus. Der dreieckige Gebäudegrundriß mit gewölbten Seiten ist sehr einfach, aber die verschiedenen funktionalen Elemente – die Kernstützen, abgerundeten Ecken, Gärten und Bürogeschosse – werden durch klar artikulierte Farben und Oberflächenstrukturen gegeneinander abgesetzt. Weil Funktion und Struktur in der äußeren Form deutlich zum Ausdruck kommen, wirkt das Gebäude wohlproportioniert. Die vier Paneelarten, die von außen sichtbar sind – fünf, wenn man die Paneele der atriumseitigen Büros mitzählt – unterscheiden sich eindeutig in Funktion und der dafür erforderlichen Technik.

Für die Fassade der Kernstützen wurde die einfachste Technik verwendet. Rahmenlose, geschoßhohe weiße Glasscheiben werden mit Punkthaltern an einem unsichtbaren isolierten Aluminiumrahmen befestigt; dieses Fassadenteil hat also über die gesamte Gebäudehöhe eine glatte Oberfläche. Es gibt jedoch ein Detail, das zunächst relativ unauffällig ist. Alle vier Stockwerke hat der horizontale Fassadenanschluß eine etwas größere Fuge, um diesem durchgehenden, turmhohen Fassadenelement eine Gliederung und Unterteilung zu verleihen.

Die facettierte Vorhangfassade der abgerundeten Ecken ist sehr viel komplizierter. Diese Verkleidung muß auf Grund der unterschiedlichen Aufgaben der dahinterliegenden Räume – Aufzugsvorräume, die Aufzugsschächte selbst mit den verglasten Panoramakabinen, beziehungsweise Büros, Toiletten und Technikräume in den oberen Geschossen – verschiedenste Funktionen erfüllen. Diesen Anforderungen wird ein Fassadensystem aus einem regelmäßigen Stiel- und Riegelraster mit einer Reihe verschiedener Scheiben gerecht: durchsichtig oder undurchsichtig, mit Isolierglas oder Einfachverglasung, mit oder ohne Lüftungsöffnungen, mit oder ohne Innenbeschichtung. Aus der Entfernung sind die Unterschiede kaum auszumachen, und da man die Paneele fast ausschließlich aus der Entfernung sieht, ist somit die optische Einheit der Ecken gewährleistet.

Die vierstöckigen Gärten tragen mehr als alle anderen Gestaltungselemente zur nutzerfreundlichen

An early proposal for
the main office cladding,
modelled both on com-
puter *(right)* and in three
dimensions *(below)*.

Ein früher Entwurf für die
Regelgeschoßfassaden, einmal am Computer erstellt
(rechts) und als dreidimen-
sionales Modell *(unten)*.

More than any other spatial element, it is
the four-storey-high gardens that give the building its friendly, human quality. To have subsum-
ed these in a uniform cladding system over the
whole height of the building would have been
a denial of the whole architectural concept. The
gardens, therefore, have a cladding system all
of their own. A glazed curtain wall is set back
from the surface of the monolith and slopes
outwards. This break in the vertical plane is a
clear sign of the importance of these communal
spaces. But it has other functions too. It makes
room for an external terrace at garden level and
it interrupts the pattern of reflections on the
facade, making the interior more visible and
thereby displaying the luxurious planting to the
outside world. It also helps to break up the radar
signature of the building which might otherwise
prove troublesome for the air traffic controllers
at Frankfurt Airport.

A horizontal aluminium glazing grid is supported by full-height, 'bowstring' truss mullions
of welded, round- and square-section hollow
steel members. These mullions have an environmental as well as a structural function. They are

Atmosphäre des Turms bei. Die einheitliche Gestaltung
der Gartenfassaden hätte das gesamte Architektur-
konzept verfälscht. Nun sind die Gärten von außen
dadurch klar zu erkennen, daß die vorgewölbte Glas-
vorhangfassade in den Gartenstockwerken hinter die
Bürofassade zurückgesetzt ist und die vertikale Ebene
unterbricht. Darüber hinaus wurde so Raum für vor
den Gärten liegende Außenterrassen geschaffen.
Durch die Fassaden hindurch wird das Innere des
Gebäudes sichtbar, und die üppige Bepflanzung der
Gärten ist von außen sichtbar. Darüber hinaus trägt
dies zur Radardämpfung des Gebäudes bei, das sonst
unter Umständen Probleme für die Flugsicherung
des Frankfurter Flughafens geschaffen hätte.

Das horizontale Fassadenraster der Gärten wird
über die ganze Höhe von geschweißten Bogenträgern
mit rundem und eckigem Querschnitt gestützt. Diese
Pfosten sind sowohl für die Gebäudetechnik als auch
für die Struktur von Bedeutung: Sie sind wassergefüllt
und an das Heizungssystem angeschlossen, und somit
wirkt die gesamte Fassade wie eine Heizung und verhindert Zugerscheinungen im Winter. Eine Reihe von
großen Fenstern mit Dreh-Kipp-Flügeln sorgen für
die natürliche Belüftung der Gärten und des Atriums.
Diese Fenster werden motorisch angetrieben und von
der zentralen Gebäudetechnik kontrolliert.

water-filled and connected to the building's heating system so that the whole wall acts as a radiator preventing uncomfortable down draughts and condensation in winter. A row of enormous, horizontally pivoted windows at high level provides the natural ventilation for the combined garden/atrium space. These windows are motorised and operated automatically by the building management system.

The most sophisticated cladding system, not surprisingly, is that of the office floors themselves. Here the external wall is not simply a barrier against the wind and weather, it is an integral part of the environmental control system of the building. The typical cladding panel has two main components, a fixed spandrel of insulated grey glass and an openable window.

Die Bürogeschosse haben das anspruchsvollste Fassadensystem. Hier soll durch die Außenhaut nicht nur ein Schutz gegen Wind und Wetter gewährleistet werden, sondern man möchte die positiven Außeneinflüsse ausfiltern und für das Gebäudeinnere nutzbar machen. Die typischen Fassadenelemente bestehen aus zwei Hauptbauteilen, einer festen Brüstung aus grauem Isolierglas und einem öffenbaren Fenster. Das Fenster ist allerdings mehr als nur ein einfaches Fenster, es ist ein mechanisches Verbindungselement zwischen der Umgebung und dem Innenraum, das durch die Kontrolle von Lüftung, Wärmeverlust, Solarerwärmung und Tageslichteinfall Behaglichkeit und Energieverbrauch in Einklang bringt.

Ein doppelverglastes Fenster mit Dreh-Kipp-Flügeln stellt das Verbindungselement zwischen innen und außen dar, dessen Funktion allerdings durch eine

The cladding models were updated at all stages of the design development, so that every refinement could be studied in detail.

In Übereinstimmung mit der Entwicklung des Fassadenkonzepts wurden die Modelle auf den jeweils neuesten Stand gebracht, um Veränderungen im Detail darzustellen.

But the window is more than just a window, it is a piece of mechanical equipment that mediates between the external and the internal environment, optimising the balance between comfort and energy consumption by controlling ventilation, heat loss, solar heat gain and day lighting.

A double-glazed, bottom-hinged, inward-opening light forms the main barrier between inside and outside air, but its performance is modified by a second, outer skin of fixed glass with an externally ventilated cavity between. Air is scooped into the cavity at sill level and exhausted through a slot at the head. The fixed outer skin therefore acts as a buffer, slowing down the flow of air into the building so that the window can be opened without admitting driving rain or causing uncomfortable draughts, even in quite windy conditions. The cavity accommodates a Venetian blind which not only filters the daylight and reducs glare but also deflects direct sunlight before it reaches the inner layer of glass, thereby reducing solar heat gain.

The office cladding, highlighting the small aerofoil sections positioned above and below the ventilation slots to improve air flow.

Bereits fertiggestellte Fassadenteile in den Bürogeschossen. Auf dem Foto sieht man ober- und unterhalb der Lüftungsschlitze die Fassadenriegel zur Verbesserung des Luftstroms.

zweite, vorgehängte, mit Außenluft hinterlüftete Glasfassade modifiziert wird. Die Luft tritt durch Lüftungsöffnungen im Brüstungsbereich in den Fassadenkorridor ein und am oberen Ende wieder aus. Diese „zweite Haut" hat die Funktion eines Klimapuffers, der die Luftzufuhr in das Gebäude kontrolliert, so daß die Fenster auch bei relativ starkem Wind geöffnet werden können, ohne daß Schlagregen eintreten kann oder Zug entsteht. Im Fassadenzwischenraum ist eine Jalousie angebracht, die nicht nur das Tageslicht filtert und Blendschutz bietet, sondern auch die direkte Sonneneinstrahlung und so die Abwärme reduziert.

In modernen Büros entstehen auf Grund der vielen Büromaschinen erhebliche Wärmelasten, was folglich Heizung gegenüber der energetisch sehr aufwendigen Kühlung in den Hintergrund treten läßt. Die Fenster der „Zweite-Haut-Fassade" und die Jalousien sind also ein passiver Wärmeschutz, der die

In modern office buildings, which are full of heat-producing office machinery, cooling is more important than heating and usually consumes more energy. The double-skin window, with its Venetian blind, can be seen as a passive cooling device, easing the load on the chilled ceilings and therefore saving energy. The blind is effectively external and stops radiant heat before it can enter the building. It is therefore a much more efficient barrier to solar heat gain than an ordinary internal blind would be.

But the second skin arrangement has other benefits. As the sun warms the air in the cavity, the 'stack effect' is improved, so that relatively cool air is drawn in at the sill at an ever faster rate as the temperature increases. Paradoxically, the heat of the sun thus contributes to the cooling of the facade.

Small, aerofoil section strips are attached to the panels at sill level to prevent the exhausted air from clinging to the face of the building and

Funktion der Kühldecken unterstützt und so den Energieverbrauch senkt. Die Jalousie ist vergleichbar mit einem außenliegenden Sonnenschutz und verringert die eingestrahlte Wärmeenergie. Sie hat also eine sehr viel bessere Schutzwirkung gegen Solarstrahlung als eine innenliegende Jalousie.

Aber die Zweite-Haut-Fassade hat noch weitere Vorteile: Sobald die Sonne die Luft im Fassadenzwischenraum erwärmt, wird die Kaminströmung verbessert, so daß mit steigenden Temperaturen die Luftwechselrate erhöht wird und die Sonne so paradoxerweise zur Kühlung der Fassade beiträgt.

An den Scheiben sind in Fensterbretthöhe kleine Tragflächenprofile im unteren Bereich der Fenster angebracht, die verhindern, daß die austretende Luft an der Gebäudefassade hängenbleibt und durch die darüberliegenden Lüftungsschlitze wieder eintritt. Im Winter, wenn die Heizung des Gebäudes wichtiger wird, funktioniert der Fassadenzwischenraum wie eine Art Gewächshaus, das die Gebäudehülle vor

Photographed in the early morning sunlight, the full 200mm depth of the office cladding's ventilation cavity is clearly visible.

In der Morgensonne kann man die 200mm tiefen Lüftungsöffnungen in der Fassade deutlich erkennen.

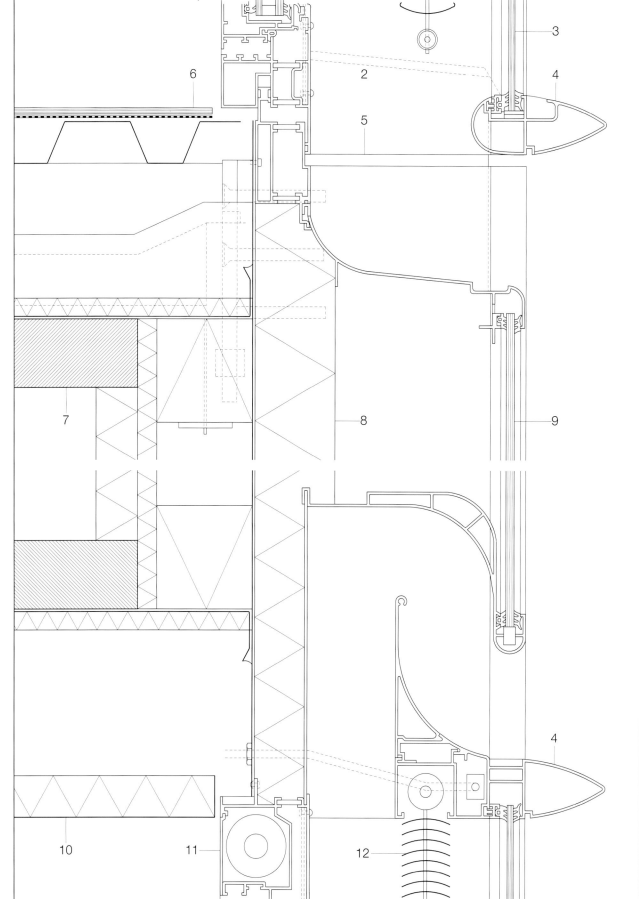

Detailed section through
the office cladding.

1 double-glazed open-
   ing casement
2 ventilated cavity
3 fixed external glazing
4 extruded aluminium
   aerofoil section
5 slip-joint between
   panels
6 6mm toughened glass
   on felt underlay
7 Vierendeel frame
8 80mm-thick thermal
   insulation
9 8mm toughened glass
10 40mm-deep ceiling
   panel
11 casement motor
12 Venetian blinds

Eine Querschnittsdarstellung
der Bürogeschoßpaneele.

1 Isolierverglaste Kipp-
   flügelfenster
2 Außenluftkorridor
3 Außenfassade
4 Stranggepreßte Alu-
   Fassadenprofile
5 Dehnfuge im Paneelstoß
6 6mm ESG auf Filzunter-
   lage
7 Vierendeelrahmen
8 80mm Wärmedämmung
9 8mm ESG
10 40mm Deckenpaneel
11 Fenstermotor
12 Jalousie.

re-entering the window cavity above. And in mid-winter, when heating is the priority, the cavity becomes a kind of conservatory, sheltering the inner skin of the building from the cooling effect of the wind and improving the window's thermal insulating properties by as much as 20 per cent. In cold conditions, it therefore becomes a passive heating device, using the radiant energy of the sun.

A simplified version of the exterior office cladding is used for the offices overlooking the atrium. The atrium, though sheltered, is still in effect an external space, naturally ventilated via the gardens and indirectly providing fresh air for the internal offices. The atrium office panels are therefore insulated and have opening windows similar to those in the exterior cladding, but the second skin and the blinds are omitted. The opening lights of both the internal and external windows are hinged at the side, as well as at the bottom, so that they can be cleaned from inside. Cleaning and maintenance of the exterior panels is by conventional roof-hung cradles.

Unlike the other cladding systems in the building, which are designed on the frame-and-infill principle, the office cladding is an assembly of interlinked but structurally independent panels. Each panel is a separate unit, prefabricated in the controlled environment of the factory, complete with all of its sub-components including motors and blinds. Full-size prototypes were built, tested and modified before production.

On this cramped urban site there was little space available for storage. The panels were therefore delivered on a 'just in time' basis and lifted by tower crane straight from the lorry on to temporary cantilevered platforms close to their eventual destination in the building. Light lifting equipment was used for final fixing, with no scaffolding. This meant that large areas of the building could quickly be made watertight, allowing other trades to follow without delay.

kühlendem Wind schützt und die Isolationseigenschaften der Fenster bei niedrigen Temperaturen um bis zu 20 Prozent verbessert. Die vorgehängte Fassade nutzt also die Wärmestrahlung der Sonne und dient als passive Heizung.

Da das Atrium eigentlich ein geschützter Freiraum ist, der über die Gärten natürlich belüftet wird und für die Frischluftversorgung der innenliegenden Büros sorgt, konnte für die Bürogeschoßfassaden der atriumseitigen Büros ein einfacheres System eingesetzt werden. Die Atriumfassaden der Büros bestehen aus Isolierglas und haben öffenbare Fenster, ähnlich denen an der Außenseite, aber ohne eine vorgehängte zweite Haut und ohne Jalousien. Die öffenbaren Fenster haben Dreh-Kipp-Flügel, um die Reinigung von innen zu ermöglichen. Die Reinigung und Wartung der Außenfassade wird mit herkömmlichen Fassadenbefahranlagen vorgenommen.

Anders als die anderen Fassadensysteme des Gebäudes, die nach dem Rahmen- und Fülltafelprinzip realisiert wurden, ist die Bürogeschoßfassade eine Kombination eigenständiger Strukturpaneele. Jedes Paneel stellt eine Einheit in sich dar und wurde zusammen mit allen Bauteilen, wie Motoren und Jalousien, unter kontrollierten Bedingungen in der Werkstatt vorgefertigt. Vor der eigentlichen Produktion wurden Prototypen in Originalgröße gebaut, getestet und entsprechend modifiziert.

Auf dem engen Bauplatz in der Stadtmitte war nur wenig Platz für die Zwischenlagerung. Die Fassadenteile wurden also „just in time" geliefert und mit einem Hochkran direkt vom LKW auf Auslegerplattformen abgeladen. Diese Plattformen befanden sich außen an der Fassade möglichst nah am endgültigen Verwendungsort der Paneele. Die Montage erfolgte mit Hilfe von leichtem Hebematerial ohne Gerüste. Auf diese Weise wurden große Gebäudeteile schnell vor Wind und Wetter geschützt, so daß darin bereits andere Arbeiten vorgenommen werden konnten.

The lower ventilation slot is positioned slightly below the opening casement to avoid rainwater penetration.

Um das Eindringen von Regenwasser zu verhindern, liegt der untere Lüftungsschlitz knapp unterhalb der öffenbaren Fensterflügel.

December 1995. Josef Gartner &
Co began fixing the external cladding at the end of October 1995.
Three different cladding systems
progressed in parallel: the glass
cladding of the megacolumns and
the frame-and-infill cladding enclosing the corners of the building, both relatively simple, and
the far more sophisticated panels
that form the main office facades.
The first facade panels to be installed were special louvred units
enclosing the plant rooms on
levels 4 and 5 of the tower. The
spandrel panels and the panels
concealing the vertical elements
of the Vierendeel frame are also
finished in glass, though with a
grey enamel finish on the inside
face which appears to change
colour according to the weather
conditions.

Dezember 1995. Ende Oktober 1995
begann die Firma Josef Gartner & Co.
mit der Montage der Fassadenpaneele.
Drei verschiedene Fassadensysteme
wurden gleichzeitig angebracht: sowohl die Glaspaneele der Megastützen als auch die Rahmen- und Füllelemente der Ecken sind relativ einfach. Die Elemente für die Bürogeschosse
dahingegen waren sehr viel
komplizierter. Als erstes wurden die
Lamellenelemente der Technikräume
im 4. und 5. Stock des Turms montiert. Auch die Brüstungspaneele und
die Elemente zur Bekleidung der
Riegel der Vierendeelrahmen sind aus
rückseitig grau emailliertem Glas, das
je nach Beleuchtung seine Farbe zu
ändern scheint.

March 1996. The simple frame-and-infill cladding used to enclose the corners of the tower – effectively a traditional curtain wall – can accommodate a range of panel types according to the function of the space behind. Clear and enamel-backed glazing, and a variety of louvred panels are all incorporated into the standard exposed frame, in a mixture of insulated or uninsulated, ventilated or unventilated formats. The megacolumns, on the other hand, are clad with an unchanging wall of storey-high, toughened glass panels, 12mm thick and flush-mounted on hidden aluminium frames.

März 1996. Einfache Rahmen- und Füllelemente zur Verkleidung der Gebäudeecken – eine traditionelle Vorhangfassade – erlauben den Einsatz unterschiedlichster Paneele, je nach Funktion der dahinterliegenden Räume. Klarglas, Glas mit Emaillierung und eine ganze Reihe von Lamellenpaneelen – alle entweder gedämmt oder ungedämmt, belüftet oder unbelüftet – können in den sichtbaren Rahmen eingesetzt werden. Die Megastützen hingegen sind mit identischen, geschoßhohen laminierten Glaspaneelen bekleidet: die 12mm dicken ESG-Flushglazing-Scheiben wurden auf verborgene Aluminiumrahmen montiert.

June 1996. The three cladding systems were fixed simultaneously, but at different levels. The faceted frame-and-infill corner cladding led the way, followed closely by the main facade panels and, finally, the column cladding. To simplify the fixing of the main facade panels *(one of which is seen here being positioned at level 38)*, a temporary rail was fitted to the top of each group, or 'village', of floors. A hoist travelled along this rail, picking up individual panels from the cantilevered delivery platform and placing them carefully in their final position. Using this method, the 176 panels required to clad the external facade of one eight-storey wing of an individual village could be fixed by a gang of five fitters in just four days.

Juni 1996. Die drei Fassadensysteme wurden zwar gleichzeitig, aber in verschiedenen Stockwerken montiert. Als erstes wurden die facettierten Rahmen- und Füllelemente zur Verkleidung der Ecken angebracht, dicht gefolgt von der Regelgeschoß- und schließlich der Stützenverkleidung. Um die Montage der Regelgeschoßpaneele zu vereinfachen *(auf dem Foto wird gerade im 38. Stock ein Paneel in Position gehoben)*, wurde an der Oberseite der einzelnen Einheiten oder "Dörfer" eine temporäre Schiene angebracht, an der eine Seilwinde entlanglief. Jeweils ein Fassadenelement wurde von der gelben Lieferplattform aufgenommen und montiert. Mit dieser Technik konnten die 176 Paneele zur Bekleidung der Außenfassade eines Dorfes von fünf Monteuren in vier Tagen angebracht werden.

June 1996. The main facade panels are individually suspended from adjacent brackets, accurately pre-positioned on the top flange of the Vierendeel beam *(right)*. The deflection and thermal movement of the steel frame, and the thermal expansion of the panels themselves, had to be taken into account in the design of the joints between the panels. A slotted 'tongue' projecting from the top of each panel locates the panel above and provides the necessary lateral support, while allowing for up to 20mm of vertical movement. Similar slip-joints between adjacent panels allow for the so-called 'washing line effect' caused by the overall deflection of the Vierendeel beams. Neoprene gaskets form a weathertight seal between panels.

Juni 1996. Jedes Paneel der Regelgeschoßfassade hängt einzeln an nebeneinanderliegenden Befestigungsankern, die zuvor genau auf den oberen Gurt des Vierendeelrahmens ausgerichtet wurden *(rechts)*. Das Design der Paneelanschlüsse mußte die Schubverformung und Ausdehnung des Tragwerks und die Wärmeausdehnung der Paneele selbst berücksichtigen. Eine Führungsnase an der Oberseite der Paneele fixiert das darüberliegende Element und bietet die nötige Seitenführung, erlaubt aber 20mm vertikales Spiel. Ähnliche Führungen zwischen nebeneinanderhängenden Paneelen gleichen den sogenannten „Wäscheleineneffekt" aus, der auf die Durchbiegung der Vierendeelrahmen zurückzuführen ist. Die Dichtungen in den Fugen zwischen den Paneelen sind aus Neopren.

June 1996. The external glazed walls of the gardens – the fourth major cladding element – are set back from the main facade and slope outwards with a 3˚ vertical inclination to reduce radar reflection. The glazing itself, in separate 1.2-metre-high double-glazed units, is supported by four-storey-high, tubular-steel, bowstring trusses, set three metres apart, which were lifted into position in pre-linked pairs. Connected to the building's hot water system, the tubular trusses are heated throughout the winter months to reduce the risk of cold down-draughts and condensation.

Juni 1996. Die vorgewölbte Außenfassade der Gärten – das vierte Fassadenelement – ist hinter die Fassade zurückgesetzt und zur Minimierung der Radarreflektionen vertikal um 3˚ geneigt. Die 1,2 Meter hohen Isolierglasscheiben sind an viergeschossigen Stahlrohrträgern befestigt. Paarweise verschweißt, wurden diese Bogenträger an ihren Standort gehoben und mit drei Meter Abstand positioniert. Die Stahlrohrträger sind an das Warmwassersystem angeschlossen und werden während der Wintermonate beheizt, um Kondensation und Zugerscheinungen zu verhindern.

The bowstring trusses are supported at floor level. A slip-joint at
the soffit provides lateral restraint
while allowing for any deflection
of the steel frame above.

Die Bogenträger ruhen auf dem Boden;
eine Schiene an der Decke sorgt für
Seitenführung und gleicht die Durchbiegung des darüberliegenden Rahmens aus.

March 1996. The atrium cladding was installed in parallel with the main external cladding to ensure the weathertight enclosure of the office areas, long before the glazing of the garden facades could be completed.

März 1996. Die Paneele der Atriumfassade und die der Regelgeschosse wurden zur gleichen Zeit montiert, um die Büros möglichst schnell vor der Witterung zu schützen. Die Gartenfassade konnte erst später geschlossen werden.

April 1996. The atrium is, in effect, an external space and forms an essential part of the building's natural ventilation system. Fresh air enters via large opening windows set into the top of the glazed garden facades. The atrium cladding panels are simplified versions of their external counterparts, complete with the same insulated spandrels and motorised, double-glazed opening windows, but without the Venetian blinds and protective outer layer of fixed glass. The small brackets between the panels are to support the rails of a cleaning and maintenance gantry, which was to be installed at a later date.

April 1996. Das Atrium ist eigentlich ein Außenraum und ein wichtiger Teil des natürlichen Lüftungssystems. Die Frischluftzufuhr wird durch große öffenbare Fenster an der Oberkante der Gartenfassade gewährleistet. Die Paneele der Atriumfassade sind eine vereinfachte Ausführung der Außenfassade, ebenfalls mit isolierten Brüstungen, motorisch angetriebenen, doppelverglasten Fenstern, jedoch ohne die Sonnenschutzjalousien und die schützende vorgehängte Fassade. An den kleinen Ankern zwischen den Paneelen wurden später die Schienen der Fassadenbefahranlage angebracht.

June/August 1996. The atrium is divided into 12-storey-high sections by glass 'decks' at levels 7, 19, 31 and 43. These act as half-hour fire and smoke barriers, but their main function is to make the flow of fresh air in the atrium more manageable by limiting what would otherwise be a powerful stack or chimney effect. Divided into individual triangular panels, each measuring 1.5 metres along one side, the 25mm-thick laminated glass is clamped to a steel frame with a specially fabricated, continuous neoprene gasket to seal the joints. To minimise its visual weight when seen from below, the frame's folded steel elements are triangular in section. The glass is practically bullet-proof and will stop even the heaviest falling object; it is easily strong enough to be walked on for cleaning.

Juni/August 1996. Das Atrium wird im 7., 19., 31. und 43. Stock von Glasböden oder -decks in zwölfstöckige Abschnitte unterteilt, die 30 Minuten Feuer- und Rauchschutz bieten. Hauptsächlich jedoch sorgen sie für die Abschwächung der sonst zu starken Kaminströmung und ermöglichen so die einfachere Kontrolle der Luftzirkulation im Atrium. Die Decks sind aus dreieckigen Paneelen mit einer Seitenlänge von 1,5 Metern zusammengesetzt. Die 25mm dicken laminierten Glaspaneele liegen auf einer eigens für diesen Zweck hergestellten Neoprendichtung auf dem geschweißten Stahlrahmen: die gefalzten Profile sind dreieckig, um, von unten betrachtet, möglichst leicht zu erscheinen. Das Glas ist durchschlagsicher und kann zum Reinigen ohne Bedenken begangen werden.

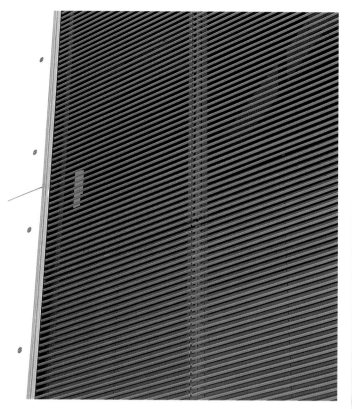

October 1996. At the very top of the building, the extended service tower over the west core and the two-storey plant-room extensions of the north and south cores are clad mainly with extruded aluminium louvres in clearly defined, 1.5-metre-wide panels. These are supported by storey-high frames but the horizontal joints are suppressed, emphasising the strong vertical thrust of the tower. The louvres provide ventilation, where required, to the plant rooms within. However, most of the louvred area is sealed internally by lining walls.

Oktober 1996. Der Aufbau des Versorgungsturms über dem Westkern und die zweistöckigen Technikbereiche über den Nord- und Südkernen an der Gebäudespitze sind mit 1,5 Meter breiten Aluminiumpaneelen aus stranggepreßten Lamellen bekleidet. Die Lamellenpaneele sind in geschoßhohen, klar gegeneinander abgegrenzten Rahmen montiert, wobei die waagrechten Anschlüsse zurückgesetzt sind, um die vertikalen Linien des Turms noch stärker zu unterstreichen. Teilweise sorgen die Lamellen für die Belüftung der Technikbereiche, zum Großteil liegen sie jedoch vor massiven Innenwänden.

May 1997. The plaza roof *(right)* was installed by Josef Gartner & Co, while the roof over the entrance steps from Kaiserplatz *(left)* was fitted by Scheldebouw BV. Like the atrium decks, the plaza roof is glazed with thick sheets of laminated glass to protect the people below from the risk of falling objects. The glass itself is supported by lightweight ridged frames which span between the radiating roof beams. As the radial pattern does not conform to a true circle, the tapering spaces between the beams have different geometries. This called for careful planning and scheduling, as each glass panel had to be individually tailored and number-coded to fit a specific location.

Mai 1997. Das Plazadach *(rechts)* wurde von Josef Gartner und Co. verglast, das Dach über der Eingangstreppe am Kaiserplatz *(links)* wurde von der Firma Scheldebouw BV montiert. Das Plazadach besteht wie die Atriumdecks aus durchwurfhemmendem, laminiertem Glas, um die Menschen in der Plaza vor herunterfallenden Objekten zu schützen, und ruht in sattelförmigen, leichten Rahmen, die zwischen den strahlenförmig angeordneten Dachträgern spannen. Da die Träger nicht radial auf einen Mittelpunkt ausgerichtetet sind, ergaben sich für jedes Element unteschiedliche Abmessungen. Die Glasscheiben mußten daher einzeln ausgemessen und numeriert werden; was eine genaue Logistik bei der Montage erforderte.

There are three types of apartment
cladding panel: solid stone, fixed
glass, and full-height opening
windows that include their own
fixed balustrades of clear glass.

Die Appartements sind mit drei verschiedenen Fassadenelementen bekleidet: geschlossene Elemente mit
Steinpaneelen, Festverglasung und
raumhohe öffenbare Fenster mit
Glasballustrade.

May 1997. The low perimeter buildings overlooking Kaiserplatz and Kirchnerstraße are clad in storey-height panels. These were made and installed by Scheldebouw and incorporate thin slabs of sandstone which matches that of the older buildings opposite. Their true nature as panels, however, is clearly expressed by the exposed anodised aluminium frame. The car park and apartment panels use the same materials, but are clearly differentiated visually. The vertical circulation zones, on the other hand, are clad solely in transparent glass blocks.

Mai 1997. Die niedrige Randbebauung an der Kirchnerstraße und am Kaiserplatz ist mit geschoßhohen Paneelen bekleidet. Diese Elemente wurden von der Firma Scheldebouw hergestellt und montiert: damit sich das Gebäude in die Straßenarchitektur Frankfurts eingliedert, bestehen sie teilweise aus Sandstein. Charakteristisch für diese Fassade sind die freiliegenden Paneelrahmen aus eloxiertem Aluminium. Für die Bekleidung der Parkhaus- und Appartmentgeschosse wurden zwar ähnliche Materialien verwendet, trotzdem sehen die beiden Gebäudeteile sehr unterschiedlich aus. Die vertikalen Erschließungsrouten sind ausschließlich mit Glasbausteinen verkleidet.

May 1997. The completed building seen from Bethmannstraße *(left)* and Goetheplatz *(right)*. The nature of the tower as a vertical cluster of office villages separated by communal gardens is clearly expressed on the finished facades. The main office cladding panels, with their double-glazed opening windows, sun-control blinds and protective glass outer skin, have a solid purposeful character, quite different from the thin skin so typical of 'traditional' air-conditioned office towers. At the new Commerzbank tower, it is only the garden cladding that appears light and delicate.

Mai 1997. Der fertige Turm von der Bethmannstraße *(links)* und vom Goetheplatz *(rechts)* aus gesehen. Die charakteristische vertikale Unterteilung der „Bürodörfer" des Turms durch die Gärten ist an den fertigen Fassadenteilen jetzt ganz klar zu erkennen. Anders als die dünnen, klassischen Fassaden klimatisierter Bürogebäude vermitteln die Fassadenelemente der Bürogeschosse mit ihren doppelverglasten, motorisch öffenbaren Fenstern, mit den Sonnenschutzjalousien und der vorgehängten Glasfassade den Eindruck von solider Funktionalität. Bei der neuen Commerzbank wirken nur die Gartenfassaden leicht und feingliedrig.

May 1997. Situated within the cavity, the Venetian blinds are as efficient a barrier to solar heat gain as external shades, but are far more flexible. They can be safely deployed in wind speeds of up to 75 kilometres per hour to trap heat within the cavity, from where it is removed by the natural stack effect. In summer, the inflow of air actually increases as the temperature rises, improving its cooling capacity. In winter, the stack effect is slower, trapping warm air in the cavity and improving the window's thermal insulation properties by as much as 20 per cent. Sound insulation is also improved and even with the inner window open, noise absorption levels can match those of conventional facades.

Mai 1997. Die im Fassadenzwischenraum angebrachten Jalousien sind so effektiv wie eine Außenjalousie, aber sehr viel flexibler. Sie können bei Windgeschwindigkeiten von bis zu 75 km pro Stunde eingesetzt werden, die Sonnenstrahlung erwärmt die Luft im Fassadenkorridor, wo sie durch den Kamineffekt nach oben steigt. Im Sommer erhöht sich die Einströmgeschwindigkeit der Luft mit der Temperatur und verbessert so deren kühlende Wirkung. Im Winter ist der Kamineffekt weniger ausgeprägt, und die warme Luft bleibt im Fassadenzwischenraum stehen: dadurch kann die Wärmedämmung der Fenster um bis zu 20 Prozent erhöht werden. Der Korridor verbessert auch die Schalldämmung, so daß selbst bei geöffnetem Innenfenster die Schallschutzwerte von konventionellen Fassaden erreicht werden.

May 1997. Whether looking up from the south garden at level 23 *(far left)* or down from an interior office on level 36 *(left)*, or simply looking across from the east garden at level 31 *(below)*, the atrium opens up the interior space of the whole building, linking one office and one office floor with all the others. Employees no longer work in isolated offices off an anonymous corridor, but become part of a larger community. As the atrium is essentially an external space, the openable office windows are double-glazed like those on the external facades, with sheets of 6mm and 8mm glass enclosing a 14mm cavity.

Mai 1997. Das Atrium sorgt im Innern des Gebäudes für Transparenz und verbindet nicht nur die einzelnen Büros, sondern auch ganze Etagen, ob man nun vom südlichen Garten im 23. Stock nach oben blickt *(ganz links)*, aus einem innenliegenden Büro im 36. Stock nach unten *(links)* oder aus dem Ostgarten im 31. Stock durch das Atrium hindurch sieht *(unten)*. Die Mitarbeiter sind in ihren Büros nicht von der Umwelt abgeschnitten und arbeiten nicht länger in anonymen Korridorfluchten vor sich hin, sondern sind jetzt Teil einer Gemeinschaft. Da das Atrium ein Außenraum ist, wurde für die öffenbaren Fenster auch hier wie an der Außenfassade Isolierglas verwendet. Die Scheiben sind 6 und 8mm dick und haben einen Zwischenraum von14mm.

May 1997. Early morning views from the roof garden at level 43, the uppermost level of the building's east wing. The decision to clad nearly the whole building in glass, including the translucent glass panels over the solid mega-columns, was as much a practical response to the proximity of the city's airport and flight paths as a drive for ever greater transparency. Glass is a relatively poor reflector of radar and, consequently, interferes far less with the airport's automatic take-off and landing systems.

Mai 1997. Der Ausblick vom Garten im 43. Stock, dem obersten Stockwerk des Ostsegments am frühen Morgen. Die Entscheidung, fast das gesamte Gebäude, einschließlich der massiven Megastützen, mit Glas zu verkleiden, war einerseits eine Gestaltungsfrage im Bemühen um maximale Transparenz, andererseits aber ebenso Notwendigkeit auf Grund der Nähe des Flughafens und der Einflugschneisen. Die Radarreflektion von Glas ist relativ gering und beeinträchtigt daher das automatische Flugleitsystem nur unwesentlich.

The Services   Gebäudetechnik

29 February 1996. The main tower was completed in late January, just 28 weeks after the first steelwork had arrived on site. Working at a more relaxed rate, the last of the structural steelwork was positioned four months later, in June.

29. Februar 1996. Die Gesamthöhe des Hauptturms war Ende Januar erreicht – nur 28 Wochen nach Lieferung der ersten Stahlbauteile. Danach wurde unter etwas weniger Zeitdruck gearbeitet, und die letzten Elemente des Tragwerks wurden fast vier Monate später, im Juni, in Position gehoben.

Naturally ventilated skyscrapers, though not completely unknown, are nevertheless very unusual. The reason for this has less to do with the difficulty of coping with high winds or the potential safety hazard of opening windows than with the conventional plan-form of such buildings.

Skyscrapers on the traditional American model usually have deep plans, in which many of the occupants are too far from the perimeter of the building to benefit from natural light and ventilation. Permanent artificial lighting and air conditioning are therefore the norm. In Germany, however, planning regulations specify that all office workers should have a view out of the building, which inevitably means a shallower plan.

The 'doughnut' plan of the Commerzbank tower, with its central atrium and four-storey-high gardens opening up views from the interior, cleverly combines the structural advantages of a deep plan with the environmental advantages of a shallow plan. It also opened up the possibility of using natural ventilation. The client positively encouraged this idea. Not only would it reduce fuel costs, possibly by as much as two-thirds, but most importantly it would fulfil the planning requirement that this be an ecologically sound building incorporating every conceivable energy-saving strategy.

In reality, the capital and running costs of a big building like this are almost insignificant in comparison with the cost of employing the staff it accommodates. However, if improved working conditions result in even a one or two per cent increase in staff productivity, this would represent a handsome return on Commerzbank's investment.

Comfort was the critical factor and it proved impossible to maintain ideal comfort conditions all year round relying on natural ventilation alone. Early in the design process, therefore, it was decided that this would be a 'mixed mode' building, switching from natural ventilation to

Natürlich belüftete Hochhäuser sind heutzutage etwas sehr Außergewöhnliches. Schuld daran haben weniger die Schwierigkeiten mit hohen Windgeschwindigkeiten oder die durch die öffenbaren Fenster entstehenden Sicherheitsrisiken, sondern in erster Linie der für solch hohe Gebäude gemeinhin übliche Grundriß.

Hochhäuser nach amerikanischem Vorbild haben gewöhnlicherweise einen tiefen Grundriß, was dazu führt, daß viele Benutzer so tief im Gebäudeinnern sitzen, daß keine Möglichkeit besteht, sie mit natürlicher Beleuchtung und Belüftung zu versorgen. Dies erfordert künstliche Belüftung und Beleuchtung während des gesamten Tages. Deutsche Bestimmungen sehen jedoch vor, daß jeder Büroangestellte einen Ausblick haben soll – eine Forderung, die automatisch eine geringere Grundrißtiefe verlangt.

Mit Hilfe des Atriums und der viergeschossigen Gärten, die einen Ausblick aus dem Inneren des Gebäudes erlauben, konnten die Vorteile der beiden Grundrißformen für den Commerzbankturm verbunden werden, und zusätzlich das vom Auftraggeber gewünschte Konzept der natürlichen Belüftung realisiert werden. Zusätzlich ließen sich damit die Heizkosten um fast ein Drittel senken und damit wurde auch die Zielvorgabe erreicht, ein Niedrigenergiehaus zu entwickeln, das alle wichtigen Energiesparmaßnahmen berücksichtigt.

Die Kapital- und Betriebskosten für ein so großes Gebäude sind im Vergleich zu den Personalkosten für die vielen Angestellten, die in diesem Gebäude arbeiten werden, zu vernachlässigen. Wenn die Produktivität der Angestellten auf Grund der verbesserten Arbeitsbedingungen nur um ein bis zwei Prozent gesteigert werden könnte, so wäre dies bereits eine sehr erfreuliche Investitionsrendite für die Commerzbank.

Ausschlaggebend für gute Arbeitsbedingungen ist Behaglichkeit, die mit natürlicher Belüftung allein jedoch nicht das ganze Jahr über gewährleistet werden kann. Deswegen entschied man sich bereits zu Beginn des Planungsprozesses für ein Gebäude, das je nach Wetterbedingungen sowohl natürlich als

air conditioning according to the weather conditions. It was predicted that air conditioning would be required for about 160 days of the year. The cost of installing two systems – the mechanical plant as well as the necessary opening windows and shading devices – was high, far too high to be balanced by savings in running costs, but the investment was thought to be worth while nevertheless.

Natural ventilation of the offices on the outside of the building could be achieved by installing openable windows with some kind of safety barrier. There was, however, some debate about the precise form these windows should take. During the early stages of the design, the consultant team proposed a fixed triple-glazed unit, consisting of a double-glazed pane of glass on the outside, a mechanically ventilated cavity containing Venetian blinds, and a single-glazed pane on the inside. Only a small top light above this unit opened directly to the outside, protected externally by fixed louvres which would have acted both as solar shading and as a wind-break.

As the design developed, and after careful analysis of all the options, the Bank decided instead in favour of a modified 'Klima' facade as manufactured by the curtain-walling contractors, Josef Gartner & Co. This has a single-glazed pane on the outside, a naturally ventilated cavity containing heavy-duty blinds, and a double-glazed opening pane on the inside. In effect, this can be looked upon as an ordinary double-glazed opening window with an external shading device protected by a fixed glass screen.

The operating parameters which define when the windows can be opened are different with this system from the initial design, but the overall energy efficiency is more or less the same. The chosen system is, however, easier to maintain, with the four functions of the window – to admit daylight, to admit air, to permit a view out and to shade the interior from direct sun – being fulfilled by a straightforward combination of simple components.

The natural ventilation of the atrium and gardens was assumed from the beginning.

Natürliche Belüftung von Atrium und Gärten waren von Anfang an Bestandteil der Planung.

auch über die Klimaanlage belüftet werden kann. Man geht davon aus, daß die Klimaanlage circa 160 Tage im Jahr benötigt wird. Die Installationskosten beider Systeme, sowohl für die Klimaanlage als auch die öffenbaren Fenster und den Sonnenschutz, waren hoch, viel zu hoch, um durch niedrigere Betriebskosten ausgeglichen werden zu können; dennoch schien die Investition lohnend.

Durch den Einbau öffenbarer und gesicherter Fenster konnte zunächst die natürliche Belüftung gewährleistet werden. Es gab jedoch einige Diskussionen über die genaue Form der Fenster. Das Ergebnis der Entwurfsplanung war eine zweischalige Verglasung: Einfachverglasung mit öffenbaren Fenstern innen, eine vorgehängte Doppelglasfassade und dazwischen ein mechanisch entlüfteter Fassadenkorridor mit Jalousien. Bei diesem Modell ließe sich nur ein kleiner Fensterflügel oberhalb dieser Einheit direkt nach außen öffnen, der durch eine feststehende Jalousie gegen Wind und Sonne geschützt werden sollte.

Nach der genauen Abwägung aller Optionen hat sich die Bank im Laufe des Entwurfsprozesses für eine Klimafassade entschieden, die von dem Spezialunternehmen für Fassaden, Josef Gartner & Co., detailliert wurde: Einfachverglasung an der Außenseite, dahinter ein natürlich belüfteter Fassadenzwischenraum mit hochwertigen Jalousien und Doppelverglasung mit zu öffnen Fenstern an der Innenseite. Es handelt sich also um normale, öffenbare Doppelfenster, die hinter einer vorgehängten Schutzhülle liegen.

Die Außenparameter, die ein Öffnen der Fenster erlauben, weichen etwas von denen der ursprünglichen Lösung ab, sind jedoch in energetischer Hinsicht vergleichbar; darüber hinaus ist die Wartung jetzt viel einfacher. Die vier Funktionen eines Fensters, nämlich Tageslicht und Luft einzulassen, den Ausblick zu erlauben und direkte Sonneneinstrahlung zu vermeiden, sind durch die Kombination einfacher Bauteile gewährleistet.

Die an das Atrium angrenzenden Büros werden durch die im Atrium zirkulierende Luft direkt natürlich belüftet. Zu Beginn der Planung erwog man, den Kamineffekt des Atriums auszunutzen, um mit dessen

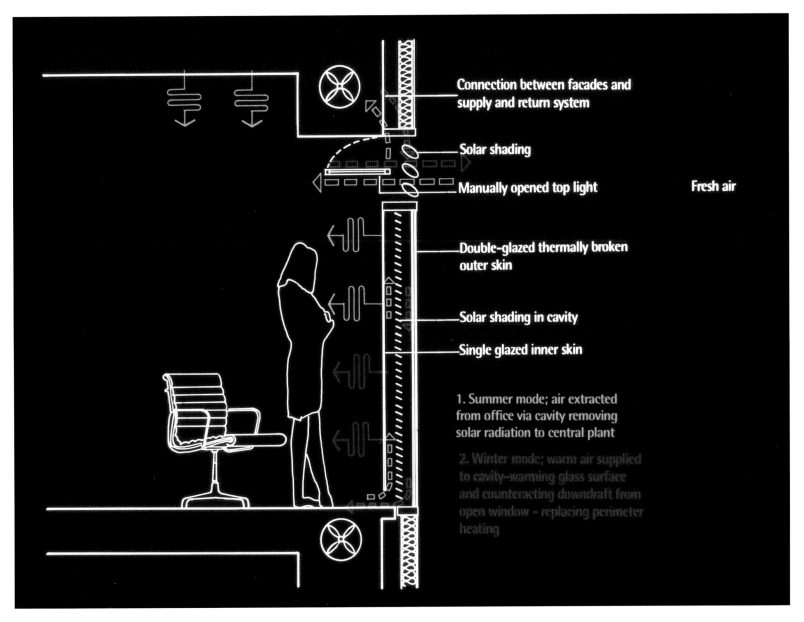

Connection between facades and supply and return system

Solar shading

Manually opened top light

Fresh air

Double-glazed thermally broken outer skin

Solar shading in cavity

Single glazed inner skin

1. Summer mode; air extracted from office via cavity removing solar radiation to central plant

2. Winter mode; warm air supplied to cavity-warming glass surface and counteracting downdraft from open window – replacing perimeter heating

Internal offices overlooking the atrium are naturally ventilated by the fresh air that flows through the atrium. In the early stages of the design the idea was entertained that the atrium might act as a giant chimney, using the stack effect to draw air in through openings in the external glazing of the gardens and exhaust it at the top. At one stage it was even proposed that the moving column of air might be used to turn electricity generating turbines but this was soon rejected as impractical. The air movement would have been difficult to control and the turbines would have been noisy.

Instead, in order to make the air flow more manageable, the atrium was divided up into 12-storey-high sections by triangular glass 'floors', or decks. Each section, or village, includes three gardens, one on each of the three faces of the building. This is an almost perfect arrangement for efficient through ventilation. There is always a windward garden to admit the air and a leeward garden to exhaust it. Sometimes the air

Hilfe Luft durch die Öffnungen in der Außenfassade der Gärten anzusaugen, die dann im Atrium aufsteigen und am oberen Ende ausströmen sollte. Zusätzlich wurde vorübergehend überlegt, mit diesem entstehenden Luftstrom Turbinen zur Stromgewinnung anzutreiben, was aber schnell wieder verworfen wurde. Die Luftzirkulation hätte nur schwer kontrolliert werden können und die notwendigen Turbinen wären sehr laut gewesen.

Um die Luftzirkulation besser kontrollieren zu können, wurde das Atrium statt dessen alle 12 Stockwerke durch dreieckige Glasböden in abgeschlossene Einheiten unterteilt. Zu jeder dieser Einheiten oder sogenannten „Dörfer" gehören drei Gärten, jeweils um 120 Grad gedreht an allen drei Gebäudeseiten. Durch diese Anordnung ist ein hervorragender Luftaustausch gewährleistet, weil es immer einen Garten auf der Winddruckseite gibt, durch den die Luft einströmen kann, und einen auf der Windsogseite, für den Abluftaustritt. Manchmal wird die Luft im Atrium von

The first design for the office cladding proposed a mechanically ventilated cavity behind fixed double-glazing, with only a manually operated top-light for natural ventilation.

Der erste Entwurf für die Bürogeschoßfassade sah einen mechanisch belüfteten Fassadenzwischenraum hinter fester Doppelverglasung vor. Nur ein von Hand öffenbarer Fensterflügel sollte für natürliche Belüftung sorgen.

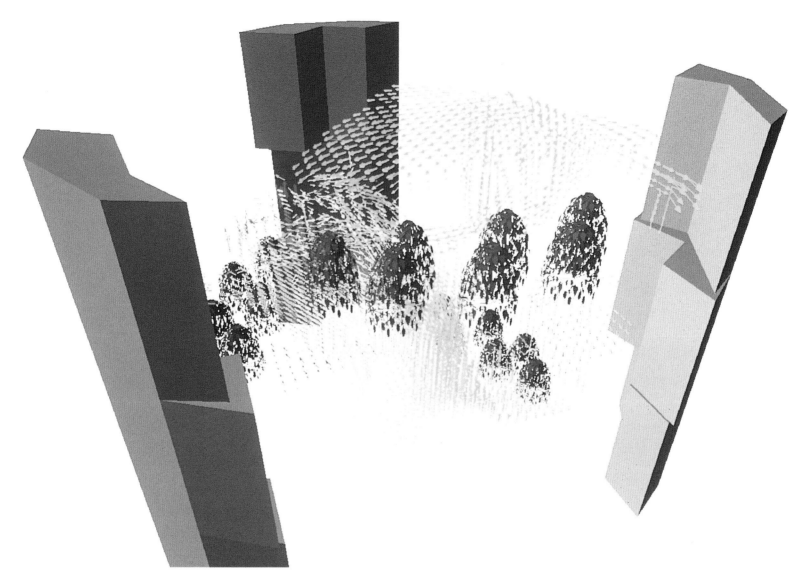

Analysis of the air flow through the atrium was undertaken using computerised fluid dynamics (CFD) to determine velocity, direction and temperature changes under a variety of conditions.

Mit Hilfe von CFD-Analysen (computerised fluid dynamics) wurde die Luftzirkulation im Atrium genau berechnet, um Geschwindigkeit, Richtung und Temperaturveränderungen des Luftstroms unter verschiedenen Bedingungen zu bestimmen.

travels up the atrium, sometimes down. The atrium is therefore a quasi-external space and the offices overlooking it can be ventilated by opening windows in the normal way.

The direction and velocity of air movement in such a large space is difficult to predict and to help them in their analysis the engineers used a technique known as computational fluid dynamics, or CFD. The space was first modelled on the computer in three dimensions and then subjected to various simulated weather states. The result was a sequence of coloured diagrams, graphically illustrating not only the air movement through the gardens and atrium, but also the effect of the air on the temperature of surrounding spaces and surfaces.

By this means, the system was fine-tuned for optimum performance. For example, the size of the openings in the external walls of the gardens was precisely adjusted to give adequate air

unten nach oben zirkulieren, dann wieder umgekehrt. Das Atrium ist also wie ein offener Raum. Die angrenzenden Büros können gelüftet werden, indem man einfach nur die Fenster öffnet.

Da Geschwindigkeit und Richtung des Luftstroms in so großen Räumen schwer vorherzusagen sind, haben die Planer bei ihrer Analyse die sogenannte CFD-Technik herangezogen, das heißt zunächst wurde der Raum dreidimensional im Computer nachgebildet, um anschließend unter verschiedenen Wetterbedingungen getestet werden zu können. Hierdurch entstanden eine Reihe von Diagrammen, die nicht nur die Luftströmung im Atrium und den Gärten graphisch darstellten, sondern auch den Einfluß der Luftströmungen auf die Temperatur der angrenzenden Räume und Oberflächen erkennen ließen.

Mit dieser Technik ließ sich die Feinabstimmung des Systems vorab vornehmen, was ein optimales Funktionieren sicherstellte. So konnten beispielsweise

flow through the atrium without causing uncomfortable draughts in the gardens. And, of
course, the smaller the openings, the cheaper
the construction.

Heating is provided by ordinary, thermo-
statically controlled panel radiators below the
windows. When the building is in natural ventilation mode, the occupants themselves control
the temperature and ventilation of their personal space by simply opening and closing the
windows. Being able to control the local environment has an important psychological benefit. When the occupant knows that a nearby
window can be opened to fresh air, he or she
is usually willing to tolerate slightly higher or
lower temperatures than if the ventilation was
outside their control. This means that the normal limits of comfort can be slightly extended,
with a consequent saving of energy.

But there are times when the heat from the
sun, the office machinery and the occupants
themselves raises the temperature beyond reasonable comfort limits and it is necessary to introduce artificial cooling. This can be done by air
conditioning alone, but using air as the cooling
medium is relatively inefficient because air has
a low specific heat capacity. Large volumes of
cool air have to be moved through the space to
effect a reasonable drop in temperature.

And there is another snag. A conventional
air-conditioning system combines two quite different functions: cooling and ventilation. Some
of the air has to be thrown away to reduce
humidity and get rid of smells, and the energy
used to cool the air is thrown away with it. If
these two functions can be separated then the
whole system can be made more efficient. This
is the principle used in the Commerzbank tower.
'Coolness' is delivered to the spaces not by air
but by water. Water has a much higher specific
heat capacity and pumping it around the building uses less energy than blowing air through
the occupied space. It can also be recirculated,
thus ensuring that the cooling medium is not
thrown away.

die öffenbaren Elemente in den Außenfassaden genau
dimensioniert werden, um eine ausreichende Belüftung des Atriums zu gewährleisten, ohne in den Gärten Zugerscheinungen zu verursachen. Hierbei gilt
auch, je kleiner die Öffnungen sind, desto geringer
sind die Baukosten.

Die Büros werden durch herkömmliche Heizkörper mit motorbetätigtem Regelventil unter den
Fenstern beheizt. Solange das Gebäude natürlich
belüftet wird, kontrollieren die Nutzer durch Öffnen
und Schließen der Fenster die Temperatur. Es ist für
die Nutzer psychologisch wichtig, ihre Umwelt selbst
steuern zu können; dadurch erhöht sich die Bereit-
schaft, eine etwas höhere oder niedrigere Temperatur zu akzeptieren. Diese Technik verbessert den
Komfort über das normale Maß hinaus und spart
gleichzeitig Energie.

Zu bestimmten Zeiten erhöhen die Wärmelasten
von Bürogeräten, Sonne und Benutzern die Temperaturen so stark, daß die Behaglichkeit eingeschränkt
wird und die Räume künstlich gekühlt werden müssen.
Hierfür können Klimaanlagen eingesetzt werden. Luft
allein ist aber als Kühlmittel relativ ineffizient, da sie
eine niedrige spezifische Wärmekapazität hat. Die
Luftwechselrate muß sehr hoch sein, um einen meß-
baren Temperaturrückgang zu erreichen.

Die Sache hat noch einen weiteren Haken: Eine
herkömmliche Klimaanlage hat zwei völlig unterschiedliche Aufgaben: Kühlung und Lüftung. Für
diesen Zweck muß ein Teil der Luft nach außen geleitet werden, um die Luftfeuchtigkeit und Gerüche
zu reduzieren. Dadurch wird aber wiederum die Energie verschwendet, mit der die Luft gekühlt wurde. Bei
dem neuen Commerzbankhochhaus hat man durch
die Trennung von Heizen und Kühlen ein System
schaffen können, das sehr viel energiesparender ist.
Zusätzlich wird für die Kühlung nicht Luft, sondern
Wasser, das eine höhere spezifische Wärmekapazität
hat, eingesetzt. Außerdem bedarf es weniger Energie,
um Wasser durch ein Gebäude zu pumpen, als sonst
für die entsprechende Luftumwälzung nötig wäre.
Ein weiterer Vorteil ist, daß das Kühlmedium nicht
zusammen mit der Abluft ausgestoßen wird.

Early proposals for the
office fit-out incorporated 'chilled beams' con-
cealed behind an open-
grid ceiling.

Frühe Entwürfe für die
Innenraumgestaltung der
Büros sahen offene Raster-
decken und Kühlbalken vor.

Calculating the flow of external air into and through the offices and atrium was only possible when the air movement around the entire building was fully understood. CFD was used to study the problem in detail.

Es ist unmöglich, den Luftstrom in den Büros oder im Atrium zu bestimmen, ohne die Luftbewegung an der Außenseite des Gebäudes zu kennen. Auch diese Studien wurden mit Hilfe der CFD durchgeführt.

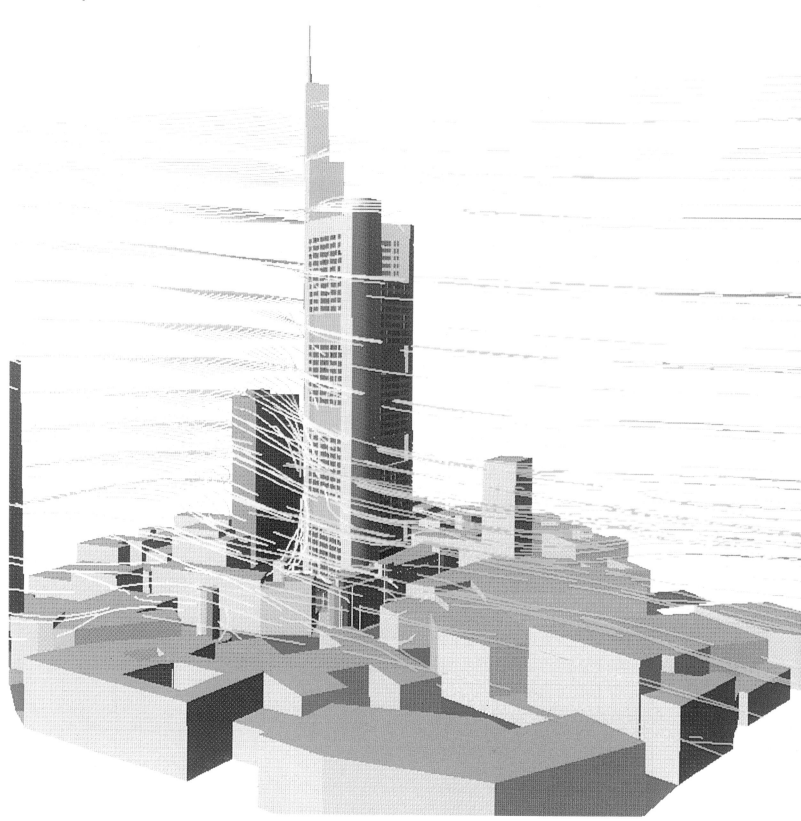

In early versions of the design it was envisaged that cooling would be by means of 'chilled beams', in the form of gilled water pipes exposed at ceiling level and acting like negative radiators. These would have worked in conjunction with the exposed soffit of a heavy, high thermal capacity, precast-concrete floor. This would have soaked up the heat and contributed to the cooling effect in the same way that, for example, the thick stone walls of an old church keep the interior cool on a hot summer's day.

In the event, the precast-concrete floors were replaced by lighter steel-framed floors, which were cheaper and faster to erect, with a more conventional suspended ceiling to hide the services. But the water cooling idea was not abandoned. Chilled beams were simply replaced by a chilled ceiling, the whole surface now acting as a negative radiator, drawing heat from the space below. The main cooling system is therefore separate from the ventilation system.

When required, fresh air for ventilation purposes can be introduced into the offices via a system of supply ducts situated above the ceiling panels. The air is, in fact, slightly cooled in summer and heated in winter, but only to maintain a sense of freshness or to reduce draughts. The return air is drawn back to the main plant via the open space above the suspended ceiling which, because the joints between the ceiling panels are sealed, acts as a continuous plenum.

Each section of the building has to be either in natural ventilation mode or in air-conditioned mode with chilled ceilings; there can be no mixing of the two. Under certain conditions, opening the window with the ceiling chilling on could cause condensation. Consequently, the building management system decides when to switch from one mode to the other, on the basis of information received automatically from weather stations distributed around the building which measure solar radiation, air temperature, air pressure, wind speed and wind direction.

The chilled ceilings, mechanical ventilation systems, and motorised windows and blinds are

Zu Beginn des Planungsprozesses sollten Kühlbalken für die Kühlung sorgen. Diese sollten direkt unterhalb der Rohdecke angeordnet werden und sowohl die Raumluft als auch die schwere Speichermasse der Decke abkühlen. Ähnlich wie die dicken Wände einer alten Kirche an einem heißen Sommertag das Kircheninnere kühl halten, hätte die Decke die Kälte aufgenommen und damit zur Raumkühlung beigetragen.

Schließlich wurden die Fertigbetondecken durch einfachere und leichter zu bauende Stahlbetonverbunddecken ersetzt und die Versorgungsleitungen durch konventionelle abgehängte Decken verborgen. Die Idee der Wasserkühlung wurde jedoch nicht aufgegeben. Die Kühlbalken wurden durch Kühldecken ersetzt, so daß jetzt die gesamte Fläche die Wärme aus dem darunterliegenden Raum aufnimmt. Das Kühlsystem wurde vom Belüftungssystem getrennt.

Zur Belüftung wird gefilterte Außenluft über ein Kanalsystem in die Räume geführt; und zwar nur so viel wie hygienisch notwendig ist. Um die Belüftung noch angenehmer zu gestalten, wird die Zuluft im Sommer angekühlt und im Winter zur Vermeidung von Zugerscheinungen erwärmt. Die Anschlüsse zwischen den Deckenpaneelen sind abgedichtet, und so kann die Luft durch das Abluftplenum oberhalb der abgehängten Decke ausgeleitet werden.

Um die Bildung von Kondensat an der Kühldecke zu vermeiden und die Energiekosten zu senken, schaltet sich bei geöffneten Fenstern sowohl die Primärluftanlage als auch die Kühldecke ab. Kleine Wetterstationen, die im Bereich der Turmgärten angebracht sind, erfassen die Außenparameter (Temperatur, Feuchtigkeit, Windgeschwindigkeit und -richtung) und leiten sie an die zentrale Gebäudesteuerung. Diese verhindert, daß in einem Büro die Klimaanlage und die Kühldecke aktiviert sind und gleichzeitig die Fenster geöffnet werden.

Die Klimaanlage, Kühldecken und die motorisch angetriebenen Fenster und Jalousien werden alle von einem Zentralrechner kontrolliert, der mit einem effizienzsteigernden „intelligenten Algorithmus" arbeitet. Nach dem „Trial-and-Error-System" lernt der Computer, wann er welche Funktion aktivieren

The CFD findings were checked in a wind tunnel, using a model that included every building within a 480-metre radius of the new tower.

Die Ergebnisse der CFD-Analyse wurden an einem Modell, in dem alle Gebäude innerhalb eines Radius von 480 Metern um den Turm dargestellt waren im Windkanal überprüft.

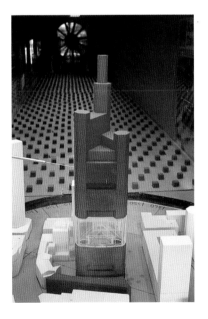

A typical office when the weather is either too hot or too cold for natural air circulation. Air is supplied for ventilation only, with extra heating or cooling provided by standard radiators or cooled ceiling panels.

Ein Büro an einem für natürliche Belüftung zu kalten oder zu warmen Tag. Die eingeleitete Zuluft dient nur der Belüftung, zusätzliche Wärme oder Kälte wird von konventionellen Heizkörpern beziehungsweise Kühldecken geliefert.

all controlled automatically by the central computer which, in order to improve efficiency, operates according to an 'intelligent algorithm'. By the computer equivalent of trial and error, it 'learns' when to switch modes for an optimum balance between comfort and energy saving. The building's occupants are kept informed of the situation by a simple indicator light in each office: when the light is red, the mechanical ventilation is in operation and the windows are locked shut; when the light is green, the system is in natural ventilation mode and they are free to open the windows.

The positioning of the main mechanical plant underwent a radical change during the development of the design. The original proposal was to provide small modular air-handling units

muß, um das beste Verhältnis zwischen Behaglichkeit und Energieverbrauch zu erreichen. Die Benutzer können an einem kleinen Licht in ihren Büros erkennen, welche Funktion gerade aktiviert ist: Wenn eine rote Lampe aufleuchtet, arbeitet die Klimaanlage, und die Fenster sind verriegelt, bei grünem Licht ist eine natürliche Belüftung möglich und die Fenster können geöffnet werden.

Die Lage der dezentralen Technikräume hat sich im Laufe der Planung grundlegend verändert. Ursprünglich sollte auf allen Stockwerken eine kleine Technikeinheit eingerichtet werden, was eine große Flexibilität erlaubt hätte. An Wochenenden hätten beispielsweise Einheiten in unbesetzten Teilen des Gebäudes ausgeschaltet und dadurch Energie eingespart werden können. Weiterhin wäre die Luftzirkulation vereinfacht worden, denn so hätte es kaum

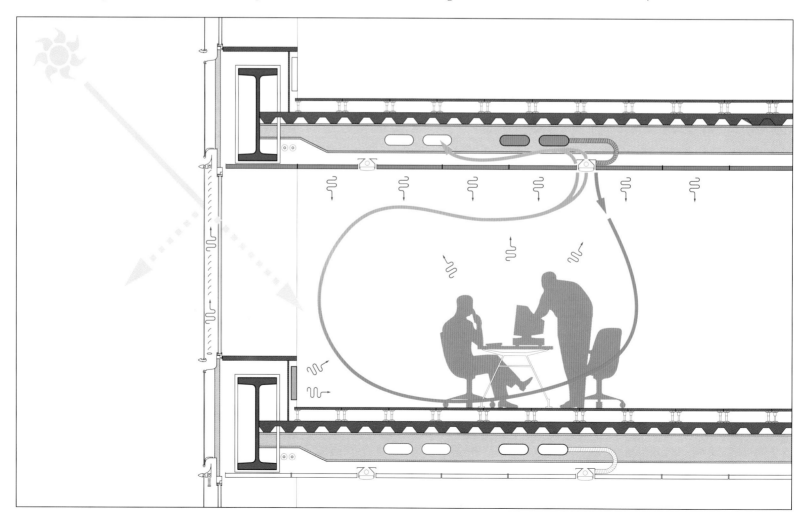

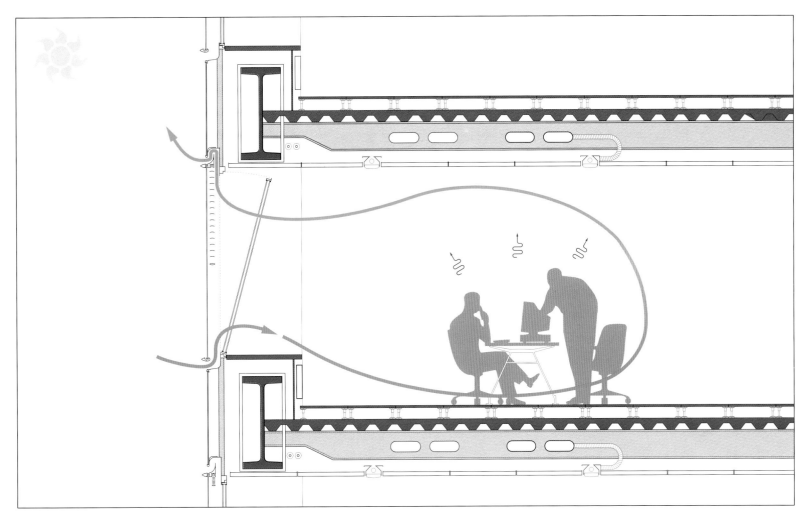

on every floor. This offered great flexibility in use. At weekends, for example, the plant serving unoccupied sections of the building could be shut down to save energy. It also simplified the air distribution system. It virtually eliminated vertical air ducts and ensured that the velocity of air in the ducts was kept low, thus reducing the energy required to drive the fans.

But there were also disadvantages, because 50 separate air-handling units meant 50 potential maintenance problems. In the final design, fewer, larger air-handling units are positioned at just two locations over the height of the main tower, each occupying a complete section of floor on one side of the plan, with separate units in the basement to handle the plaza and perimeter buildings. Water storage and heat exchangers are also sited in the basement, while the absorption chillers, which are powered from the city's district heating system, are sited in the cooling tower at the top of the building.

vertikale Luftschächte gegeben. Dadurch wäre es möglich gewesen, die Luftzirkulation in den Schächten sehr langsam zu halten und den Energiebedarf der Ventilatoren zu reduzieren.

Das System hatte jedoch auch Nachteile. Fünfzig verschiedene Technikräume bedeuteten fünfzig mögliche Störstellen. Im endgültigen Entwurf entschied man sich daher für zentrale, zwei vollständige Turmsegmente umfassende Technikräume und getrennte Anlagen für die Randbebauung in den Kellergeschossen. Auch die Wassertanks und Wärmetauscher sind in den Kellergeschossen untergebracht. Absorptionskältemaschinen, die an das Fernwärmenetz angeschlossen sind, befinden sich in der Turmspitze.

When weather conditions are suitable, the ventilation and cooling systems close down automatically. A light on the control panel then indicates that the windows can be opened to ventilate the room naturally.

Bei geeigneten Bedingungen werden das Lüftungs- und Kühlsystem automatisch abgeschaltet. Dann zeigt ein Licht bei den Bedienungselementen an, daß die Fenster zur natürlichen Belüftung geöffnet werden können.

December 1995. The cables for local power and telecommunications are accommodated beneath the raised floor, but all other services – including lighting, mechanical ventilation, smoke detection, sprinklers, and security and public address systems – are accommodated in the ceiling void, which also acts as a continuous plenum for return air. The short metal 'tubes' with flexible hose connections *(right)*, which hang below the continuous air-supply ducts, are actually sound attenuators waiting to be fitted to air extract outlets in the light fittings.

Dezember 1995. Einige der lokalen Strom- und Telekommunikationskabel sind unter dem Doppelboden verlegt, der Rest der Haustechnik, einschließlich Beleuchtung, mechanischer Lüftung, Rauchmeldern, Sprinklern, Sicherheitssystemen und Lautsprechern, ist über der abgehängten Decke untergebracht, die auch als Abluftplenum dient. Die Rohrverdickungen mit den flexiblen Schlauchstücken, die an den Luftkanälen hängen *(rechts)*, sind Schalldämpfer, die noch an die Abluftleuchten angeschlossen werden müssen.

203

April 1996. Calculations indicate that, in the course of a year, natural ventilation of the offices will be possible for around 60 per cent of the time. At all other times, air will have to be supplied mechanically. Large vertical ducts, in the corners of the building, supply 'cleaned' air from the main air-handling plant at levels 5 or 52 to a complex network of horizontal ducts in the ceiling void. This distributes the air evenly throughout the whole office wing to ensure a minimum 2.4 air changes per hour. Where necessary, the ductwork was insulated after installation to ensure the supply air was not excessively heated before it reached its destination.

April 1996. Berechnungen haben ergeben, daß die Büros im Laufe eines Jahres ungefähr 60 Prozent der Zeit natürlich belüftet werden können. In der verbleibenden Zeit muß das Gebäude mechanisch belüftet werden. Riesige vertikale Zuluftkanäle in den Kernen des Gebäudes versorgen ein weitverzweigtes Netz horizontaler Kanäle in der abgehängten Decke mit gereinigter Luft aus den Lüftungsanlagen im 5. und 52. Stock. So werden die Bürogeschosse gleichmäßig mit Zuluft versorgt: mindestens 2,4 mal pro Stunde wird ein kompletter Luftwechsel erreicht. Alle Zuluftkanäle wurden nach der Installation isoliert, um Wärmeverluste zu minimieren.

April 1996. Ventilation air is supplied to the offices via narrow diffusers built into one side of the fluorescent light fittings, specially developed for the project by Siemens AG. A second diffuser on the other side of the fitting is merely a visual representation. However, this allows the fitting to be turned so that air can be delivered from whichever side is most suitable. Return air is drawn back into the ceiling void through an opening above the fluorescent lamp, thereby removing unwanted heat at source. Air supply to the offices is switched off automatically when external conditions allow. Air supply to the corridor, however, is constant, via variable air volume boxes *(below)* that regulate the flow automatically to suit the circumstances.

April 1996. Durch schmale Schlitze an einer der beiden Längsseiten der Leuchten, die von der Siemens AG speziell für dieses Projekt entwickelt wurden, wird die Zuluft in die Büros geleitet. Die andere Längsseite wurde optisch identisch gestaltet, wenngleich durch diesen Schlitz keine Luftversorgung möglich ist. So kann die Lampe umgedreht werden und die Belüftung über die jeweils geeignete Seite erfolgen. Die Abluft wird über die Lampenkörper abgesaugt und nimmt gleichzeitig einen Teil der Beleuchtungswärme auf. Sobald es die Außenbedingungen erlauben, schaltet sich die Zuluftversorgung für die Büros automatisch ab; auf den Korridoren hingegen erfolgt eine konstante Zuluftversorgung über Volumenstromregler *(unten).*

June 1996. Supply air to the office areas is slightly cooled in summer and heated in winter, though to nowhere near the levels required for full air conditioning. Instead, the main cooling and heating loads are borne by more efficient water-based systems: ordinary radiators beneath the windows *(right)* and cooled ceiling panels *(left)*. Each cooled ceiling panel is basically a perforated metal tray containing a coil of thin copper pipe – which acts as a 'negative radiator' – and a layer of thermal insulation. Flow and return nozzles in the top of the panel are connected by flexible hoses to the chilled water supply pipes in the ceiling void, so that the panel can be hinged down for access.

Juni 1996. Die Zuluft wird im Sommer gekühlt und im Winter erwärmt, allerdings nicht im gleichen Maß, wie dies bei einer Klimaanlage ohne Kühldecken der Fall wäre. Wasser dient als Transportmedium für die Hauptkälte- und Wärmelasten: konventionelle Heizkörper unter den Fenstern *(rechts)* und Kühldecken *(links)*. Jedes der Deckenpaneele besteht aus einer Metallkassette, die Kupferschlingen und Dämmplatten enthält. Das in dem Rohr fließende Wasser nimmt die Wärme auf. Die Vor- und Rücklaufstutzen an der Oberseite des Paneels sind mit flexiblen Schläuchen an die Kühlwasserleitungen in der abgehängten Decke angeschlossen, damit die Deckenelemente abgeklappt werden können.

June 1996. Level 62 of the cooling tower, shortly before the erection of the final and topmost level of the main structural steelwork. Dry coolers are installed in the upper levels of the cooling tower to dissipate excess heat during the winter months from the absorption chillers – located in the lower levels of the service tower below. Sprayed water coolers in the upper levels of the service tower perform the same task during the summer months, the waste water being re-used as flushing water for the lavatories.

Juni 1996. Das 62. Geschoß mit Trockenkühler kurz vor Montage der letzten Ebene des Tragwerks. Die in den oberen drei Geschossen der Turmspitze installierten Trockenkühler erzeugen in den Wintermonaten Kaltwasser für die Kühldecken und die Umluftkühlgeräte. Die darunterliegenden Kühltürme sind für den Betrieb der Absorptionskältemaschinen im Sommer notwendig. Das abgeschlämmte Wasser von den Kühltürmen wird anschließend für die Toilettenspülungen genutzt.

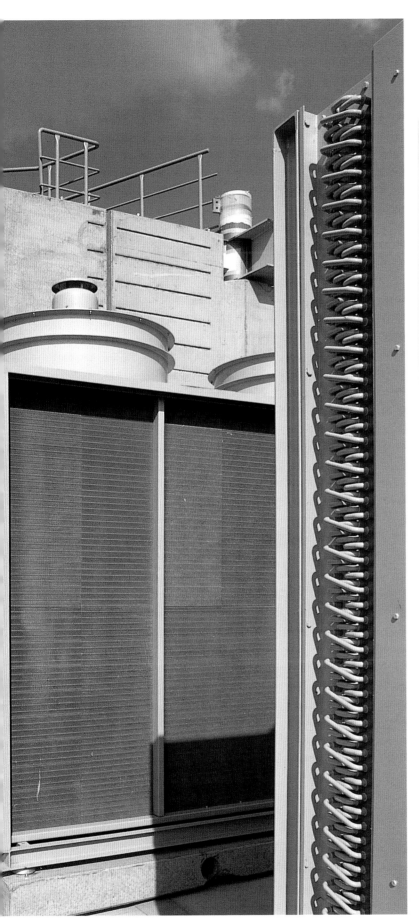

August 1996. The east garden at level 19. Most of the planting is from temperate areas with a climate similar to Frankfurt's and must experience the normal seasonal changes if it is to remain healthy. By using the high-level windows in the garden facades to control the flow of air, it is expected that the air temperature within the gardens will rise to no more than 27˚C in summer and fall to around 5˚C in winter. Plastic heating pipes have been set into a 50mm-thick, reinforced floor screed to create a warmer microclimate around the seating and bar areas. All the specialist screeding in the building – including the plant rooms, car park, entrance lobby and plaza – was laid by Häcker KG, nearly half of it over insulation material to reduce sound transmission to the floors below.

August 1996. Der Garten im Ostsegment des 19. Stocks. Da die Pflanzen in den Gärten aus gemäßigten Regionen stammen, brauchen sie normale Jahreszeitenwechsel um zu gedeihen. Mit Hilfe der hohen Fenster in den Gartenfassaden kann die Luftzirkulation in den Gärten kontrolliert werden, so daß die Temperatur im Sommer voraussichtlich auf maximal 27 Grad steigen und an Wintertagen auf bis zu 5 Grad Celsius sinken wird. Um den Nutzern trotzdem ein behagliches Umfeld zu bieten, ist im Bereich der Sitzgelegenheiten und Bars eine Fußbodenheizung im 50mm dicken Estrich verlegt worden. Die Estricharbeiten im gesamten Gebäude, wie in den Technikräumen, dem Parkhaus, der Eingangshalle und der Plaza, wurden von der Firma Häcker KG ausgeführt. Fast die Hälfte des Estrichs wurde zur Schalldämpfung auf Dämmmaterial aufgebracht.

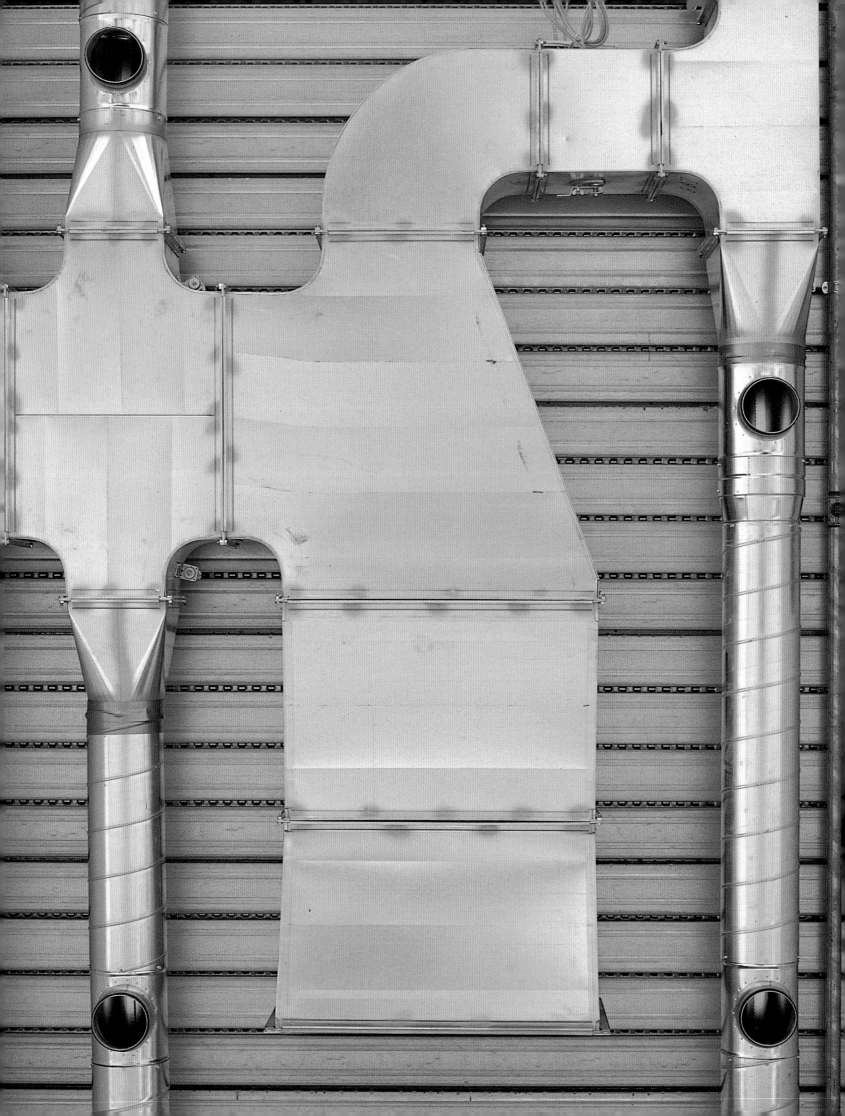

January 1997. Some spaces, most notably the double-height conference area at level 49 and its attendant meeting rooms and kitchen, were unsuitable for natural ventilation and not all could be cooled efficiently with chilled ceiling panels. The conference area is therefore air conditioned in the conventional way, via large air-supply ducts in the ceiling *(left)*. The picture on the right shows the same ductwork wrapped in insulation but now almost hidden behind layers of ancillary services, including a large sound attenuator on the return air supply. The layout of these services was complicated by the flexible plan of the conference area, which can be subdivided by mobile partitions hung from a ceiling track concealed within the beam cladding.

Januar 1997. Bedingt durch die hohen Außenluftraten werden einige Räume, wie beispielsweise die doppelstöckigen Konferenzräume im 49. und 50. Stock, das angrenzende Besprechungszimmer und die Küche, über eine konventionelle Klimaanlage versorgt. In diesen Räumen wird das Kanalsystem größer *(links)*. Auf dem rechten Bild sind die Kanäle bereits gedämmt und schon fast hinter der anderen Haustechnik, wie etwa einem großen Schalldämpfer, verschwunden. Die Verlegung der Haustechnik in der Decke wurde durch die sehr flexible Raumaufteilung in den Konferenzräumen erschwert: der Raum kann mit Hilfe von Trennwänden unterteilt werden, die in den Deckenprofilen der Trägerbekleidung verschoben werden.

January 1997. Small weather stations on the parapet walls at every garden level are monitored by the central building management system (BMS), which decides automatically when an office's ventilation and cooling systems should be closed down and the windows released for operation by the occupants. Conditions may vary at different levels and on different sides of the building. Each office is therefore fitted with its own electronic control station *(right)* which receives instructions from the BMS and switches on or off the appropriate systems. The windows, blinds, cooling panels, radiators and lights for each office are operated via the same control station to ensure they all act in unison. Produced specially for this project by Siemens AG, there are around 1400 of these control stations in all, around 30 for each office floor between levels 6 and 50.

Januar 1997. Die von kleinen Wetterstationen im Brüstungsbereich der Gärten erfaßten Außenparameter werden von der zentralen Gebäudeleittechnik verarbeitet, und diese schaltet gegebenenfalls die Lüftung und Kühldecke aus. Erst dann gibt sie das Fenster frei und der Nutzer kann es öffnen. Da die Außenbedingungen aber unter Umständen in den einzelnen Stockwerken und den drei Gebäudeseiten variieren können, hat jedes Büro seine eigene elektronische Kontrolleinheit (DDC-Box), die je nach den Vorgaben der Gebäudeleittechnik die unterschiedlichen Systeme aktiviert *(rechts).* Um die Funktion der Fenster, Jalousien, Kühldecken, Heizkörper und Lampen eines Büros richtig aufeinander abstimmen zu können, werden sie jeweils von derselben Steuereinheit bedient. Insgesamt gibt es fast 1400 dieser von der Firma Siemens eigens für dieses Gebäude entwickelten Steuereinheiten; ungefähr 30 für jedes Bürogeschoß zwischen dem 6. und 50. Stockwerk.

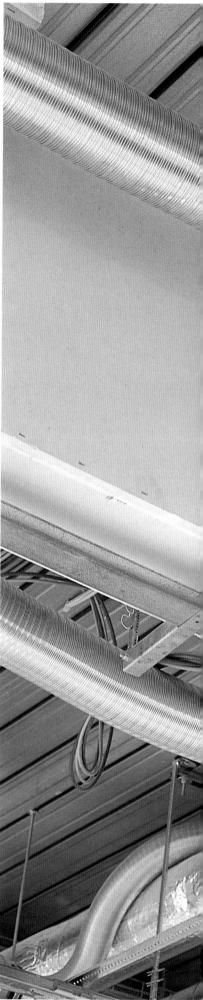

February 1997. Local telecommunication, power and computer cables run beneath the raised floor and serve outlets in the movable floor panels. With over 150 outlets to each floor complete flexibility is assured, although it has placed extra demands on the computer network as each outlet is served by its own dedicated cable. This allows total security and faster data transfer, but requires some 16 kilometres of orange computer cabling on every floor. The individual cables run to one of 12 local exchanges, which are positioned in one of the tower's three cores at every fourth floor. Every exchange is linked directly to each of its counterparts and to the main computer centre in the old building, providing instant access to any part of the Bank's worldwide network.

Februar 1997. Die lokalen Strom-, Computer- und Telekommunikationskabel sind unter dem Doppelboden geführt, die Anschlüsse sind versetzbar. Um völlige Flexibilität zu gewährleisten, gibt es in jedem Stock mehr als 150 Computeranschlüsse. Das hat die Vernetzung jedoch erheblich erschwert, denn jedes Terminal sollte einen eigenen Anschluß bekommen. Dieses System erlaubt zwar eine besonders schnelle und sichere Datenübertragung, machte aber 16 Kilometer Computerkabel pro Stockwerk erforderlich. Die einzelnen Kabel laufen zu einem von 12 lokalen „Knotenpunkten", die auf jedem vierten Stockwerk in einem der drei Kerne untergebracht sind. Jeder dieser Knotenpunkte ist direkt mit den anderen und dem Hauptrechner im alten Turm verbunden, so daß ein sofortiger Zugang zum internationalen Computernetz der Bank gewährleistet ist.

May 1997. The building's emergency electrical supply is provided by two MTU diesel generators, which switch on automatically in the unlikely event of a mains failure. Located at level 53 of the west core, each generator is capable of supplying the 2.24mVA of power required to keep the building operational. Connection is made through the HV switchgear in a controlled sequence established by the building management system, with an uninterruptable power supply – in the form of batteries – automatically activated to cover critical equipment and circuits during the cross-over period.

Mai 1997. Die Notstromversorgung des Gebäudes wird durch zwei MTU-Notstromaggregate gewährleistet, die im Falle eines Stromausfalls automatisch anspringen. Jeder der beiden im Südkern des 53. Stocks untergebrachten Aggregate kann im Notfall die 2,24 mVA produzieren, die die Notstromversorgung sicherstellen. Von der Notstromsteuerung kontrollierte Hochspannungsschalter bringen die Generatoren ans Netz: bis die Aggregate angelaufen sind, sorgen USV-Anlagen dafür, daß die Stromversorgung wichtiger Geräte nicht unterbrochen wird.

May 1997. The plant room at level 5 *(right)* provides all floors of the main tower, up to level 28, with fresh air and chilled water via supply ducts in the main cores *(above)*. A similar plant room at level 51 supplies the tower's upper floors, while smaller units in the basement look after the plaza and perimeter buildings. Heat is recovered from the return air and used to provide low-grade hot water suitable for the building's domestic needs.

Mai 1997. Der Technikraum im 5. Stock *(rechts)* versorgt die Stockwerke 1 bis 28 über große Leitungen in den Hauptkernen *(oben)* mit frischer Luft und kaltem Wasser. Die oberen Stockwerke werden von einem ähnlichen Raum im 51. Stock versorgt. In einem Untergeschoß des Turms befindet sich eine kleinere Einheit für die Plaza und die Randbebauung. Die Wärmeenergie der Abluft wird zur Warmwassergewinnung des Gebäudes genutzt.

May 1997. The building's electrical requirements are supplied from three main switchrooms, each of which takes its power directly from the city's main 10,000 volt supply. The picture on the right shows the switchroom at level 5, which supplies the lower half of the tower. Another at level 52 serves the top half of the building, while the third is in the basement and serves the plaza and perimeter buildings. A total supply of 12.3 mW can be made available, though less than half this amount is required to meet the building's present demands. Within the tower, each floor is served by its own intermediate switchroom *(left)*, located in one of the three cores. These provide power to the lighting circuits and the underfloor mains supply.

Mai 1997. Die Stromversorgung wird durch drei Trafostationen mit den entsprechenden 10.000 Volt- und 400 Volt-Schaltanlagen sichergestellt. Das Foto rechts zeigt die 400 Volt-Schaltzentrale im 5. Stock, die die haustechnischen Anlagen im mittleren Gebäudebereich versorgt; die Versorgung der oberen Etagen erfolgt über die Trafostation im 52. Stock. Eine dritte Station für die Randbebauung und die unteren 27 Bürogeschosse befindet sich im 1. Untergeschoß. Insgesamt können 12,3 mW bereitgestellt werden, gegenwärtig liegt der Verbrauch jedoch fünfzig Prozent unter diesem Wert. Die Etagenversorgung für Beleuchtung und Arbeitsplätze erfolgt über eigene Unterverteiler in den Kernen der jeweiligen Etage *(links)*.

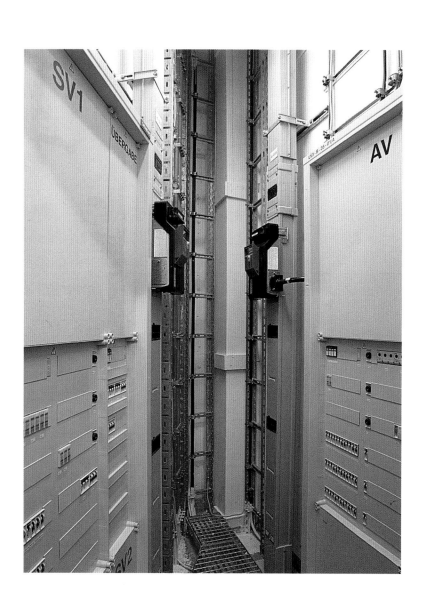

Movement Systems   Verkehrssysteme

Solving the problem of vertical circulation is the essence of skyscraper planning. Enough lift shafts have to be provided to transport the building's population without undue delay. But the problem is more complicated than that. If the people working on the 50th floor are not to spend most of their day in the lift, then there must be some kind of hierarchy of express and local transport.

In the early competition-winning design for the new Commerzbank building, for example, all the lifts were grouped together in a linked tower – the so-called 'fish tail'. The idea was that some lifts would be express, stopping only at interchange floors, and others would be local, stopping at every floor. This plan had the advantage that it was easy to understand and use because there was only one lift lobby per floor and it was always in the same position. But there were two major disadvantages: first, most people would have to change lifts once to reach their destination, and second, the lift shafts occupied a greater floor area than was strictly necessary.

In a skyscraper, lift traffic decreases with height and therefore fewer lift shafts are required on the upper levels. The space occupied by the redundant lift shafts can be taken over by other functions such as plant rooms and lavatories. This was one of the reasons that the fish tail plan was abandoned and the lift shafts were brought into the main tower.

In the design as built, there are sets of lifts in all three corners of the plan. The height of the building is divided into three zones and each set of lifts serves one zone. Interchange floors at levels 7, 19 and 35 allow for journeys from zone to zone, but every floor is accessible from the main entrance lobby in one trip. Only the lift shafts in the south core, serving zone three, continue right to the top of the building, the space above the lift shafts serving zones one and two being used for other functions – lavatories, local kitchens, secondary plant rooms, meeting rooms and so on. There are 16 passenger lifts

Eine große Herausforderung bei der Planung von Hochhäusern ist es, eine effiziente Lösung für die vertikale Erschließung zu entwickeln, die die Nutzer möglichst reibungslos und schnell im Gebäude transportiert. Hierfür benötigt man eine ausreichende Anzahl von Aufzügen, womit aber leider noch nicht alle Probleme gelöst sind. Wenn die Mitarbeiter, deren Büro im 50. Stockwerk liegt, nicht den ganzen Tag im Aufzug zubringen sollen, muß eine Hierarchie zwischen dem „Nah- und Fernverkehr" entwickelt werden.

Der im Wettbewerb vorgestellte Entwurf für die Commerzbank faßte alle Aufzüge in einem Anbau zusammen, dem sogenannten „Fishtail". Bei dieser Planung sollten einige Expreßaufzüge nur in den Umsteigegeschossen halten und die lokalen Aufzüge in jedem Stockwerk. Dieses System wäre einfach zu verstehen und nutzen gewesen, denn die Lage der Aufzugsvorräume wäre in allen Stockwerken identisch gewesen und es hätte jeweils nur einen Vorraum gegeben. Dieser Ansatz hatte jedoch zwei Nachteile: Erstens hätten fast alle Mitarbeiter einmal umsteigen müssen, um ihr Ziel zu erreichen, und zweitens nahmen die Aufzugsschächte mehr Geschoßfläche als unbedingt nötig ein.

Die Auslastung der Aufzüge in einem Hochhaus nimmt in den höheren Stockwerken ab, dort werden dann entsprechend weniger Aufzüge benötigt. Die Fläche, die in den unteren Geschossen von den Aufzugsschächten in Anspruch genommen wird, kann in den höheren Stockwerken anderweitig genutzt werden, beispielsweise für Toiletten und Technikräume. Dies war einer der Gründe, den Fishtail aufzugeben und die Aufzüge statt dessen im Hauptturm unterzubringen.

Im endgültigen Entwurf sind in allen drei Ecken des Gebäudes Aufzugsgruppen untergebracht. Die Höhe des Gebäudes ist in drei Zonen unterteilt, und jede der Zonen wird jeweils von einer Aufzugsgruppe versorgt. Die Stockwerke 7, 19 und 35 sind Umsteigegeschosse und machen Fahrten zwischen den einzelnen Zonen möglich, vom Erdgeschoß können jedoch alle Stockwerke ohne Umsteigen erreicht werden. Nur die Aufzugsschächte im Südkern zur Versorgung von

serving the main tower, as well as two goods/firemen's lifts which stop at every floor.

The scheme is economical in its use of space and most journeys are fast and easy. The only potential problem is that the users of the building have to know which of the three cores to head for in order to find the lift that will take them to their destination. This presents no difficulty at the main lobby on the first floor, where receptionists and clear signage can direct visitors to the right corner of the entrance hall, but on the upper floors there is scope for confusion.

This problem has been solved by a colour-coding system, specially created for the building by the Danish designer, Per Arnoldi, and integrated into the interior fit-out. The three cores are designated red, blue or yellow and this is indicated at each floor by large directory panels in the appropriate colour positioned at the exit from the lift lobby or escape stairs. Panels beside the doors of individual offices match the colour of the core that serves as that floor's lift lobby.

Full advantage has been taken of the perimeter location by glazing the outer walls of both the lift lobbies and the lift shafts. The lobbies, therefore, are naturally lit and enjoy spectacular views out over the city, while the outer lift, also with a clear-glazed outer wall, offers a free panoramic ride and animates the facade of the building at night.

The glass wall is heated by almost invisible electrical elements to prevent fogging in cold weather, and the visible linings of the lift shafts have been detailed with special care. The side walls of the inner lift cars are lined with translucent white glass, and all the lifts have stone floors, white metal ceilings and back walls covered entirely in mirror glass.

The lift cars were specially made for the building by Thyssen Aufzüge. Although based on a standardised frame and guidance system, the extensive use of glass makes them considerably heavier than normal lift cars, requiring the installation of special heavy-duty cables. Lift speeds vary from four to six metres per second, according to the zone served.

Zone drei reichen bis in die obersten Geschosse des Turms; die Fläche über den Schächten für Zone eins und zwei wird zum Beispiel für Toiletten, Technik- und Besprechungsräume usw. genutzt. Insgesamt gibt es 16 Personenaufzüge im Hauptturm und zwei Lasten- und Feuerwehraufzüge, die in jedem Stockwerk halten.

Diese Lösung ist platzsparend und der Großteil aller Fahrten ist schnell und einfach zu bewältigen. Die einzige potentielle Schwierigkeit ist: die Nutzer müssen wissen, in welchem der drei Kerne der Aufzug untergebracht ist, der sie an ihr Ziel bringt. In der Eingangshalle im ersten Stock ist dies kein Problem, denn Empfangspersonal und klare Beschilderung helfen bei der Orientierung; erst in den höheren Stockwerken könnte es Schwierigkeiten geben.

Doch diese Probleme hat man versucht durch ein Farbleitsystem in der Innenausstattung zu lösen, das von dem dänischen Designer Per Arnoldi speziell für dieses Gebäude entworfen wurde. Dabei werden die drei Kerne mit unterschiedlichen Farben gekennzeichnet: Rot, Blau und Gelb. In den Aufzugsvorräumen und am Ausgang der Feuertreppen sind entsprechend große Tafeln in der jeweiligen Farbe angebracht. Die Farbgebung der Namensschilder aller Büros entspricht der Farbe des Kerns, in dem sich der Aufzug für dieses Stockwerk befindet.

Die Randlage wurde voll genutzt: Die Außenwände der Aufzugsvorräume und die Seiten der außenliegenden Kabinen sind verglast, man kann also während man auf den Aufzug wartet und während der Fahrt in den außengelegenen Kabinen den Ausblick genießen; im Dunkeln beleben die Aufzüge die Fassade und das Stadtbild. Um ein Beschlagen der Glaswand bei Kälte zu verhindern, wird sie durch fast unsichtbare elektrische Elemente beheizt. Die sichtbare Verkleidung der Aufzugsschächte wurde besonders detailgenau und aufmerksam entworfen. Die Seitenwände der Kabinen sind mit weißem Glas verkleidet. Die Aufzüge haben alle Steinböden und Metalldecken, die hinteren Wände sind mit Spiegelglas verkleidet.

Die Aufzugskabinen wurden von Thyssen Aufzüge speziell für dieses Projekt entwickelt. Sie basieren auf Sonderkonstruktionen und -leitsystemen und

One of Foster and Partners' early design sketches for a typical lift lobby.

Ein früher Entwurf für einen typischen Aufzugsvorraum in einer Skizze von Foster and Partners.

One of the benefits of lifts at the edge of the building is that both the outer lift cars and the lift lobbies can enjoy spectacular views across the city. Several sketches were prepared to explore the options.

Die Anordnung der Aufzüge am Gebäuderand hat den Vorteil, daß man sowohl aus den Aufzugskabinen als auch von den Aufzugsvorräumen einen herrlichen Blick auf die Stadt hat. Um die verschiedenen Optionen gegeneinander abzuwägen, wurden eine Reihe von Zeichnungen angefertigt.

The lift pattern could hardly be simpler. Passenger lifts in each core serve a distinct group of floors. Only the combined service/firemen's lifts in the north and west cores stop at every level, while interchanges at levels 7, 19 and 35 simplify travel between floors for those people working in the building.

Das Aufzugssystem könnte einfacher nicht sein: die Personenaufzüge in den einzelnen Kernen bedienen jeweils unterschiedliche Stockwerksgruppen. Nur die Lasten- und Feuerwehraufzüge im West- und Nordkern halten in jedem Stock. Um die Fahrtzeiten für die Nutzer zu verkürzen, wurden im 7., 19. und 35. Stock Umsteigestationen eingerichtet.

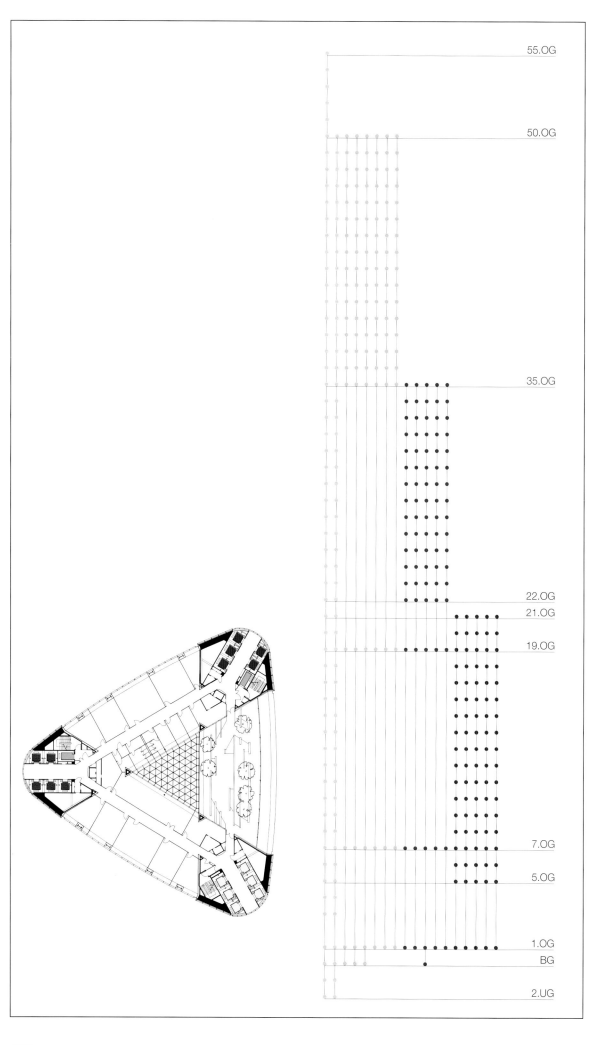

A central, computerised control system monitors demand continuously and optimises the handling of calls. Equipped with 'fuzzy logic', the system will actually learn to predict the changing flow of use through the working day and move lifts to an appropriate position ahead of time, thus reducing waiting times for the user. The system is linked to the manufacturer's Frankfurt control centre so that running conditions and servicing requirements can be checked remotely. In the unlikely event of a lift breaking down, this system also ensures that, at any time of day or night, a controller can speak to any stranded occupants, reassure them that he knows exactly where they are, and send someone to rescue them without delay.

It is not only the occupants who have their own lifts. Despite the fact that the building contains thousands of networked computers, there are still large amounts of paper that need to be moved around the building every day, and rather than condemn messengers to a life spent in lifts, Commerzbank has installed an automatic document handling system manufactured by Telelift GmbH.

Following a complex network of tracks, incoming mail rises within the west core from a centralised post room – serving both the new and old towers – to a distribution and control centre at level 19 of the new building. From here, the individual document-carrying 'cars' can be redirected to any of 75 stations, at least one of which is to be found on every office floor between levels 6 and 48.

The cars communicate automatically with the control centre to establish the best route to their destination, transferring to the appropriate core so as to arrive at the correct 're-entry' station in the shortest possible time. These 'on-floor' stations are always positioned in the core opposite the garden zone, and thus equidistant from the furthest office in each wing. The cars can then be reprogrammed to carry local inter-departmental mail directly to any other floor in the building, or back to level B1 for transfer to the old tower.

sind auf Grund der vielen Glasbauteile deutlich schwerer als gewöhnliche Aufzüge, weswegen spezielle Tragseile verwendet werden mußten. Je nach Zone bewegen sich die Aufzüge mit einer Geschwindigkeit zwischen vier und sechs Metern pro Sekunde.

Ein zentrales Computerkontrollsystem überwacht ununterbrochen die Nachfrage und optimiert entsprechend die Abfolge der Haltepunkte. Mit Hilfe der „Fuzzy-logic-Technologie" kann sich die Aufzugsanlage die unterschiedliche Auslastung im Laufe eines Arbeitstages merken und die Aufzüge rechtzeitig an die gewünschte Position bringen und somit die Wartezeiten für die Nutzer reduzieren. Das System ist mit dem Servicezentrum des Herstellers in Frankfurt verbunden, so daß zusätzlich Betriebszustand und Wartungserfordernisse automatisch kontrolliert werden können. Falls ein Aufzug wider Erwarten einmal steckenbleiben sollte, können mit Hilfe dieses Systems die Eingeschlossenen beruhigt und schnellstmöglich befreit werden.

Aber nicht nur die Mitarbeiter benötigen Aufzüge, denn obwohl das gesamte Gebäude mit tausenden Computern vernetzt ist, müssen immer noch jeden Tag große Mengen Papier im Gebäude hin und her transportiert werden. Statt Boten zu einem Berufsalltag im Aufzug zu verdammen, hat sich die Commerzbank für ein Aktenfördersystem von Telelift entschieden.

Die eingegangene Post für das alte und neue Gebäude wird von einem zentralen Postraum über ein verzweigtes Schienennetzwerk durch den Westkern in ein Verteiler- und Steuerzentrum im neunzehnten Stock des neuen Gebäudes transportiert. Von hier aus können die Container an eine der auf jedem Bürogeschoß zwischen Stockwerk 6 und 48 befindlichen 75 Stationen weitergeleitet werden.

Die Container stehen mit dem Steuerzentrum in Verbindung; es ermittelt jeweils die schnellste Route zum Empfänger und leitet die Post durch den entsprechenden Kern. Die „Bahnhöfe" auf den Stockwerken sind jeweils in dem dem Garten gegenüberliegenden Kern untergebracht, das heißt, sie sind gleich weit von den Büros am Ende der beiden Flügel entfernt. Die Container können dann neu programmiert werden, um interne Post direkt in ein anderes Stockwerk oder zur Weiterleitung in den alten Turm über Stockwerk B1 zu schicken.

The building's external cleaning and maintenance requirements are served by eight roof-top hoists and their cradles.

Zur Reinigung und Wartung der Fassade stehen acht Fassadenbefahranlagen zur Verfügung.

October 1995. Great care was taken to isolate the lift shafts during every stage of construction, both for the safety of those working on the higher floors and for those working in the shafts themselves. The photograph on the right shows the view up the lift shafts in the west core, with the secondary steelwork that will support the lift guiderails already in place. Heavy planking was angled across the taller lift shafts at strategic intervals *(below)*, to protect those working below from falling objects.

Oktober 1995. Zum Schutz der Arbeiter in den oberen Stockwerken und in den Aufzugsschächten wurden zu jedem Zeitpunkt der Bauarbeiten hohe Sicherheitsmaßstäbe angelegt. Das Foto rechts zeigt den Blick nach oben durch die Aufzugsschächte des Westkerns, in denen das Sekundärtragwerk für die Aufzugsschienen bereits montiert wurde. In regelmäßigen Abständen wurden über den größeren Aufzugsvorräumen zum Schutz vor herunterfallenden Gegenständen schwere Verschalungen angebracht *(unten)*.

May 1997. The completed lift shafts display the elegant simplicity of a tried and tested technology that has been resolved to the smallest detail. These photographs show the shafts in the south core, the tallest in the building, and as with the other shafts they are sealed off from the rest of the building and the steel structure with a full two-hour fire protection – either in fibreboard or Hebel aerated-concrete panels. Construction tolerances were extremely fine, with the guiderails no more than 0.5mm out of true, even over the full 250-metre height of the highest shaft. Nearly all the running gear is standard. The lift cars, the lobby doors, and even the lift-call buttons, however, were specially made for the building by Thyssen Aufzüge.

Mai 1997. Die fertigen Aufzugsschächte sind von so einfacher Eleganz, wie sie nur von bewährter, bis ins kleinste Detail durchdachter Technik ausgestrahlt werden kann. Auf diesen Fotos sieht man die Schächte im Südkern, die höchsten des Turms, die wie alle Aufzugschächte mit Brandschutzplatten oder Hebel Porenbetonplatten der Feuerwiderstandsklasse F 90 bzw. F 120 bekleidet sind. Die einzuhaltenden Toleranzen waren sehr gering; die Aufzugsschienen beispielsweise mußten über die gesamte Schachthöhe von 250 Metern mit einer Toleranz von 0,5mm montiert werden. Die leistungsfähigen Tragseile bieten einen hohen Sicherheitsstandard. Bei den Fahrkörben, Schachttüren, Anzeige- und Bedienelementen in den Vorräumen handelt es sich um Sonderkonstruktionen der Firma Thyssen Aufzüge.

March 1997. The view from the ground floor, looking up an outer lift shaft in the north core *(left)*, which rises to level 21, and an inner lift shaft in the south core *(below)*, which rises to level 50. The lift cars and running gear are the same in all the main shafts, with only the running speeds of the lifts altered in response to the distances they travel: lifts in the north core run at 4 m/sec; in the west core – which rises to level 35 – at 5 m/sec; and in the south core at 6 m/sec.

März 1997. Blick vom Erdgeschoß durch einen außenliegenden Aufzugsschacht für die Stockwerke 1-21 im Nordkern *(links)* und durch einen innenliegenden Schacht für die Stockwerke 1-50 im Südkern *(unten).* Die Aufzugskabinen und die Tragseile sind in allen Schächten identisch; abhängig von den zu überwindenden Entfernungen, fahren sie allerdings mit unterschiedlichen Geschwindigkeiten: die Aufzüge im Nordkern haben eine Geschwindigkeit von 4 m/s, im 35-stöckigen Westkern von 5 m/s und im Südkern von 6 m/s.

July 1997. Measuring 2.0 x 1.7 metres in plan, each of the passenger lift cars is capable of carrying up to 21 people, or a total weight of 1600 kilograms. The cars are lined with glass: back-enamelled white for the side walls, mirrored on the rear wall, and clear for the side wall of the lift closest to the view. The front wall and doors, including the integrated control panel, are in stainless steel, while white metal panels with built-in downlights complete the ceiling. The floor is polished granite, matching that in the main entrance lobby.

Juli 1997. Auf einem Grundriß von 2,0 x 1,7 Metern können in jedem Aufzug jeweils bis zu 21 Personen oder 1600 Kilogramm befördert werden. Die Kabinen sind glasverkleidet: die Seiten mit rückseitig weiß emailliertem Glas, die Rückwand mit Spiegelglas und die außengelegene Wand mit Klarglas. Sowohl für die vordere Wand und die Aufzugstür als auch für die eingebauten Bedienelemente wurde Edelstahl verwendet; die Deckenpaneele dagegen wurden mit weißen Metallpaneelen verkleidet, in die Einbaustrahler integriert sind. Der Boden ist mit den gleichen Granitplatten belegt wie die Eingangshalle.

July 1997. The cool restraint of the lift cars is continued out into the lift lobbies, which are finished in near identical materials – granite floors, white metal ceiling panels and full-height, back-enamelled white glass for the side walls. Drama is provided at each end of the lobby, either by the view out over the city or by Per Arnoldi's brightly coloured directory panels. This is a photograph of a lobby in the south core, colour-coded yellow. Similar red and blue panels complete the west and north cores respectively. Considerable attention was given to the smallest details, not least the stainless-steel lift-call buttons set flush into the glass wall.

Juli 1997. Durch die Verwendung ähnlicher Materialien – Granitböden, weiße Deckenpaneele und über die gesamte Höhe der Seitenwände rückseitig weißes emailliertes Glas – setzt sich die strenge Kühle der Aufzugskabinen in den Aufzugsvorräumen fort. Das Spektakuläre an den Aufzugsvorräumen sind einerseits der Blick über die Stadt und andererseits Per Arnoldis Farbleitsystempaneele. Dieses Foto zeigt einen Vorraum im Südkern, der mit der Farbe Gelb gekennzeichnet ist. Der West- und Nordkern sind rot beziehungsweise blau gekennzeichnet. Selbst die kleinsten Details wurden bedacht, so schließen beispielsweise die Edelstahl-Rufknöpfe für die Aufzüge bündig mit den Glaswänden ab.

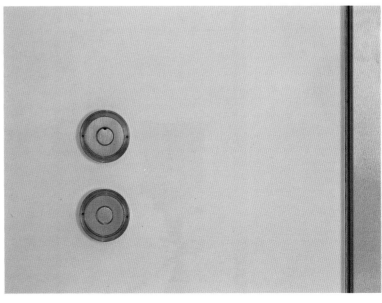

July 1997. The 16 passenger lifts are only the most visible form of vertical circulation within the main tower. Behind the scenes, two service lifts, capable of carrying 2000 and 3100 kilograms respectively, rise the full height of the building in the north and west cores. Also by Thyssen, these stop at every floor and double as the firemen's lifts. On a slightly smaller scale, a complex rail network, by Telelift, weaves its way through the building's office floors. This carries up to 500 self-propelled document containers at any one time, all co-ordinated from an automatic control centre at level 19 *(shown here)*. The cars can be programmed to travel directly to any of 75 stations located on every floor of the building.

Juli 1997. Auch wenn man zunächst nur die 16 Personenaufzüge sieht, gibt es noch weitere vertikale Erschlie-ßungsrouten im Turm. Weniger sicht-bar sind die zwei Lastenaufzüge der Firma Thyssen im Nord- und Westkern. Diese Aufzüge mit einer maximalen Traglast von 2000 beziehungsweise 3100 Kilogramm dienen gleichzeitig als Feuerwehraufzüge und halten beide in jedem Stockwerk des Turms. Die Bürogeschosse sind mit einem komplexen Schienensystem für die Dokumentenförderanlage von Telelift verbunden. Hierauf können bis zu 500 eigenständig angetriebene, von der automatischen Leitstelle im 19. Stock *(siehe Bild)* kontrollierte Doku-mentcontainer zirkulieren. Die Con-tainer können so programmiert wer-den, daß sie jeden der 75 „Bahnhöfe" des Gebäudes direkt ansteuern.

Interior Fit-out

Innenarchitektur

28 October 1996. The exterior of the building nears completion, with only the topmost section of the antenna remaining to be lifted into place.

28. Oktober 1996. Von außen ist der Turm nun fast fertig, lediglich der obere Abschnitt der Antenne muß noch montiert werden.

Transparency and communicativeness are the keynotes of the Commerzbank interiors. Space inside the building is unified and opened up to the exterior by the central atrium and the four-storey-high gardens. It would have made no sense to have divided up the office floors with solid-walled corridors serving conventional cellular offices. It was essential to the whole concept that the visual continuity of the interior space be maintained.

This might have been achieved by simply dispensing with partitions altogether and adopting an open-plan policy, but the client was not yet ready for such a radical transformation of the working environment. The design of the office fit-out, therefore, strikes a balance between privacy and communicativeness.

This is done in two ways. First, the central circulation route between cores, across a typical office floor, is widened in the middle to provide shared space for non-desk-based activities such as photocopying or impromptu meetings. Second, the partitions dividing the offices from the corridors are made of clear glass. In this way the territory of each cellular office is clearly defined and acoustic privacy is maintained without interrupting the flow of space between the atrium and the perimeter of the building.

The simplicity of the spatial idea is reinforced by the simplicity of the partition and ceiling systems. The designers wanted the demountable panels to be as large as possible, with no articulated frames or joints and minimal structural or technical expressiveness. In these offices it is the space that counts, not the elements that enclose it. All partition panels and doors, therefore, are full height and the basic planning module has been set at 1500mm, instead of the more usual 1200mm. The ceiling panels, however, are set out on a 1500 x 650mm grid so that the 300mm-wide light fittings, that run parallel to the external walls, could be centred at a more economical spacing of 2250mm.

The corridor partitions have an elegant flush glazing detail first developed by the appointed subcontractor, Clestra Hauserman, for the Jean Nouvel designed Galeries Lafayette building in

Offenheit und Transparenz sind die Hauptcharakteristika des Gebäudeinnern der neuen Commerzbank Hauptverwaltung. Die Innenräume sind einheitlich gestaltet und öffnen sich zum Atrium und den jeweils anliegenden viergeschossigen Himmelsgärten. Um die im Gesamtkonzept gewünschte Kontinuität des Innenraumes zu erhalten, war es grundlegend, massive Trennwände zwischen den einzelnen Bürozellen zu vermeiden und den Innenraum so offen wie möglich zu gestalten.

Eine Lösung wäre gewesen, die Trennwände gänzlich wegfallen zu lassen und Großraumbüros zu schaffen. Die Commerzbank war jedoch noch nicht bereit, einer so radikalen Veränderung der Arbeitsverhältnisse zuzustimmen. Nun stellt die Gestaltung der Büroflächen einen Kompromiß zwischen Privatsphäre und Kommunikationszonen dar.

Erreicht wird dies auf folgende Weise: Zum einen wurden die Korridore, die Hauptzirkulationsrouten zwischen den Kernen eines Bürogeschosses, in der Mitte verbreitert, was Gemeinschaftsräume für Tätigkeiten wie Fotokopieren oder spontane Treffen schaffte. Zum anderen verwendete man Klarglas für die Trennwände zwischen Büro und Korridor, so daß die einzelnen Bürozellen zwar klar abgegrenzt und geräuschisoliert sind, aber gleichzeitig eine räumliche und optische Verbindung zur Außenwand bzw. zum Atrium weiterhin gegeben ist.

Das für den Innenausbau der Büros verwendete Trennwand- und Deckensystem verdeutlicht die klare Grundidee der angestrebten Raumplanung. Die leicht versetzbaren Systemwände, zurückhaltend und ohne auffällige Rahmen oder Verbindungselemente, legen das Hauptaugenmerk auf den umfaßten Raum, die Büros. Alle Trennwände und Türen gehen über die gesamte Höhe. Das zugrundeliegende Modulmaß beträgt 1500mm statt der sonst üblichen 1200mm. Die Deckenpaneele basieren auf einem Modulmaß von 1500 x 650mm, so daß die 300mm breiten Leuchten parallel zur Außenwand in dem kostengünstigeren 2,25 Meter-Raster integriert werden konnten.

Die von Jean Nouvel für die Berliner Galeries Lafayette entworfenen Flushglazing-Glastrennelemente, die von dem Vertragsunternehmen Clestra Hauserman entwickelt wurden, entsprachen genau dem, was sich das Foster Team für die Systemwände

Berlin. The system was based almost exactly on the kind of understated joint that the Foster team was looking for. Architect and manufacturer worked together to develop a special version for the Commerzbank building. In the final design, sheets of clear toughened glass are fixed on to opposite faces of a slender perforated steel frame with black double-sided adhesive strips. It is the smooth reflective surface of the glass rather than the linear element of the frame that is visually dominant.

The doors, too, have simple welded and rebated steel frames, with glass flush-fixed on both sides to align with the glass partitions. All doors are full height, with no transoms or additional framing to spoil the vertical rhythm. Beside each 1100mm-wide door is a colour-coded panel that makes up the 1500mm module. This accommodates the control panel for lights, blinds and ventilation inside the office and a name-plate outside.

'Cross walls' between adjacent offices are made from flat steel panels in the form of shal-

An early sketch, but remarkably close in spirit to the final design.

Eine frühe Skizze, die dem später gebauten Entwurf bereits erstaunlich ähnelt.

low trays fixed back to back and infilled with Rockwool insulation. The panels have a plain baked acrylic finish and again the joints are flush and minimal, even though they incorporate special fixing devices for shelves and other accessories deeply recessed in the narrow vertical tolerance gaps.

zwischen den Büros vorgestellt hatte. Daraufhin entwickelten die Architekten und die Hersteller diese in enger Zusammenarbeit für den Innenausbau der Commerzbank weiter. Zwei Scheiben Sicherheitsglas werden mit Hilfe von schwarzen, doppelseitigen Klebestreifen auf beiden Seiten schmaler, perforierter Profile angebracht. Die glatten, reflektierenden Oberflächen und nicht die linearen Elemente des Rahmens treten dadurch in den Vordergrund.

Zusätzlich haben die Türrahmen einfache, geschweißte Türzargen und schließen so bündig mit den Glaspaneelen der Wände ab. Damit die vertikalen Linien nicht durch Kämpfer oder zusätzliche Rahmen unterbrochen werden, reichen alle Türen über die volle Höhe. Eine Farbtafel in der jeweiligen Kernfarbe, die auf der Innenseite des Büros die Schalter für Licht, Jalousien und Lüftung und außen ein Namensschild enthalten, ergänzen die Türbreite von 1100mm auf die 1500mm Modulbreite.

Für die Querwände zwischen den Büros wurden Monoblockpaneele aus Stahl gewählt; der Hohlraum zwischen zwei flachen, Rücken an Rücken miteinander verbundenen Stahlpaneelen ist zur Isolation mit

The partitions are fixed between continuous channels at floor and ceiling, visible only as recessed strips of grey metal. They are, however, much more complicated than they look. The floor channel is really two channels nested one in the other to allow the inner channel, which supports the partition panels, to be accurately levelled. The ceiling channel is also double-sleeved and conceals a sprung, telescopic joint designed to accommodate a maximum floor-to-floor deflection of no less than 40mm – necessary because of the building's long spans.

Clestra Hauserman supplied and fitted the suspended ceilings too, including the water-chilled ceiling panels that bear most of the cooling load of the building. Chilled ceilings are now fairly common in high-quality office buildings in Germany, though this is the first time that Clestra Hauserman have supplied panels that use copper rather than plastic pipes. Each panel is basically a metal box, 45mm thick, containing the chilled water 'radiator' and a

Steinwolle gefüllt. Die Paneele selbst haben eine einbrennlackierte Acryllackoberfläche. Auch hier wurden möglichst kleine, bündige Anschlüsse gewählt, obwohl diese weit in die Toleranzfugen zurückgesetzte Befestigungsmittel für Regale und andere Accessoires enthalten.

Die Trennwände sind in fortlaufenden U-Profilen, die nur als zurückgesetzte graue Metallstreifen sichtbar sind, im Boden und an der Decke befestigt. Das Bodenprofil ist jedoch sehr viel vielseitiger als es scheint; es besteht eigentlich aus zwei ineinander verlaufenden U-Profilen, so daß das innere, in dem die Trennpaneele lagern, korrekt nivelliert werden kann. Auch das Decken-U-Profil hat eine Doppelfalz und verbirgt einen gefederten, auf eine maximale Deckendurchbiegung von 40mm ausgelegten Teleskopanschluß, der aufgrund der großen Spannweite der Träger entwickelt werden mußte.

Clestra Hauserman hat auch die abgehängte Decke geliefert und montiert, inklusive der Kühldecken, die einen Großteil der Kühlleistung im Gebäude übernehmen. Kühldecken sind inzwischen in deutschen Bürogebäuden relativ weit verbreitet.

Early sketch perspectives comparing the traditional office *(top)* – with its narrow central corridor and compartmentalised offices – with the 'combi-office' layout proposed by Foster and Partners.

Frühe Studien zum Vergleich: ein herkömmlich gestaltetes Büro mit engem Korridor in der Mitte *(oben)* und die von Foster and Partners bevorzugten „Kombibüros" *(unten)*.

Foster and Partners' presentation plan of a typical office floor, one of a series of drawings of the final design shown to the Bank in October 1992. Various details of the core and garden planning have still to be resolved, but the overall geometry is now correct.

Der Grundriß eines Regelgeschosses, wie er von Foster and Partners im Oktober 1992 zusammen mit einer Reihe anderer Zeichnungen des überarbeiteten Entwurfs bei einer Präsentation für die Bank vorgelegt wurde. Die Kerne und Gärten mußten noch detailliert werden, aber die Gesamtgeometrie stand bereits fest.

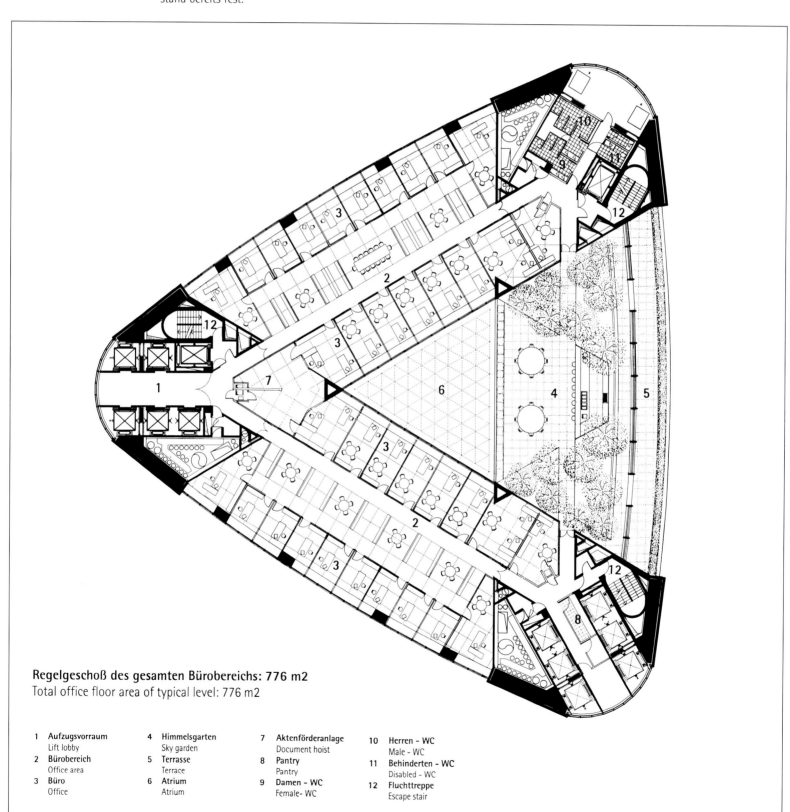

Regelgeschoß des gesamten Bürobereichs: 776 m2
Total office floor area of typical level: 776 m2

1	**Aufzugsvorraum** Lift lobby	4	**Himmelsgarten** Sky garden	7	**Aktenförderanlage** Document hoist	10	**Herren – WC** Male – WC
2	**Bürobereich** Office area	5	**Terrasse** Terrace	8	**Pantry** Pantry	11	**Behinderten – WC** Disabled – WC
3	**Büro** Office	6	**Atrium** Atrium	9	**Damen – WC** Female – WC	12	**Fluchttreppe** Escape stair

layer of insulation. Matching the standard ceiling panels, the exposed soffit of the cooled units are acrylic coated and perforated for acoustic absorption.

Flow and return nozzles are installed in the top face of the panel ready for connection to the water supply in the ceiling void. Flexible hoses are used to make the connection so that the panels, like their standard neighbours, can be hinged down for access and maintenance. All soffit joints are flush and there is no exposed frame. Instead, each panel is fixed by four spring bolts operated by a special tool inserted in the gaps between the panels.

The ceiling system is straightforward and economical as long as the grid remains regular. The floor plans, however, are anything but. Here the gently curved outer facade and the angled walls at the ends of each office floor have had to be accommodated by a range of special panel shapes, many of which had to be individually tailored to fit the varying layouts on each floor.

The light fittings, specially designed for the building by Siemens, have a curved profile bulging proud of the ceiling plane. Each fitting has perforated-metal diffusers along each side to illuminate the surface of adjacent ceiling panels and a central strip with open baffles for direct downlighting. The fittings are supported at their ends on special metal profiles, set out at 1500mm centres and attached to the main channels of the ceiling suspension grid.

The almost invisible narrow gaps running along both sides of each light fitting are linear diffusers. Only one of these is connected to the supply-air trunking above the ceiling. The other is a sealed unit which allows the fitting to be used whichever way round is best. The air is extracted through an aperture above the light itself into the space above the ceiling panels, which acts as a continuous return air plenum. Sound attenuators have been fitted to ensure privacy between offices.

Offices are heated by ordinary panel radiators. These are concealed in wide, low shelf units beneath the windows, the top surfaces of which

Clestra Hauserman hat hier jedoch zum ersten Mal Deckenplatten mit Kupfer- statt mit Kunststoffrohren verwendet. Jede Platte besteht aus einer 45mm hohen Metallkassette, die das gekühlte Wasser und eine Isolationsplatte enthält. Die Untersicht der Paneele ist acrylbeschichtet und zur Verbesserung der Akustik perforiert.

An der Oberseite der Paneele sind die Vor- und Rücklaufstutzen angebracht, die nur noch an die Wasserversorgung im Deckenzwischenraum angeschlossen werden müssen. Für diese Anschlüsse werden flexible Schläuche verwendet, damit die Paneele, wie auch die gewöhnlichen Deckenplatten einfacher zugänglich sind und für Wartungsarbeiten abgehängt

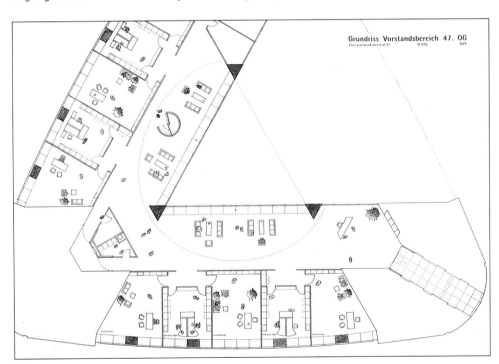

Grundriss Vorstandsbereich 47. OG
Floor plan board area level 47 M 1/50 SMP

werden können. Alle Untersichtanschlüsse schließen bündig ab, sie haben keinen sichtbaren Rahmen, sondern sind mit vier Federbolzen befestigt, die mit einem Spezialwerkzeug bedient werden können, das durch die Fuge eingeführt wird.

Das Deckensystem ist einfach und kostengünstig, solange es in einem regelmäßigen Raster angewendet wird, was jedoch bei der Commerzbank nur bedingt der Fall war. Für die leicht gekrümmte Außenfassade und die Wände am Schlußpunkt der Büros mußten besondere Paneelformen entwickelt werden,

The directors' offices, at levels 47 and 48, have a central reception area which unites both wings.

Die beiden Bürosegmente des Vorstandsbereichs im 47. und 48. Stock sind durch einen gemeinsamen Empfang verbunden.

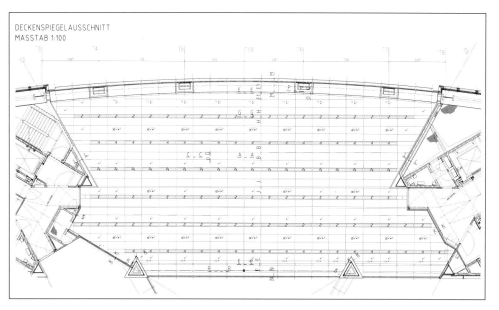

DECKENSPIEGELAUSSCHNITT
MASSTAB 1:100

Clestra Hauserman's re-
flected ceiling plan for a
typical office floor, dem-
onstrating the number
of special panels requir-
ed to match the build-
ing's unusual geometry.

Der von Clestra Hauserman
erstellte Plan der Decken-
spiegel eines Regelgeschosses verdeutlicht, wie viele
speziell bemessene Paneele
auf Grund der außerge-
wöhnlichen Geometrie des
Gebäudes nötig waren.

die teilweise aufgrund der jeweils unterschiedlichen
Abmessungen, für die jeweiligen Stockwerke einzeln
bemessen werden mußten.

Die von Siemens speziell für das Gebäude entwickelten Leuchten, schließen nicht plan mit der
Decke ab, sondern haben ein gewölbtes Profil. Jede
Leuchte hat auf beiden Seiten Plastiklängsdiffuser,
um die Oberflächen der anschließenden Deckenpaneele zu beleuchten, sowie ein Mittelband mit
offenen Ablenkplatten für direktes Licht nach unten.
Die Leuchten sind am Ende mit besonderen Metall-
profilen im Abstand von 1500mm an die Hauptkanäle
der abgehängten Decke angeschlossen.

Die fast unsichtbaren, schmalen Spalten an der
Längsseite der Leuchten sind Lineardiffuser. Einer
dieser Diffuser ist an die Luftversorgungsrohre in der
Decke angeschlossen, die andere Spalte ist geschlossen
und kann bei einer zukünftigen Umgestaltung angeschlossen werden. Die Luft tritt durch eine Öffnung
in den Lampen selbst aus und wird durch das Decken-
plenum abgeleitet. Um die Privatsphäre der Büros
zu gewährleisten, wurden zusätzlich Schallschutz-
systeme eingebaut.

Die Büroräume werden mit normalen Heizkörpern, die im Brüstungsbereich der Fenster eingebaut

are covered in sheets of dimpled glass. The main
function of these shelves is not to hide the radiators but to cover the horizontal steel beams of
the massive Vierendeel frames spanning right
across the building.

In early versions of the design, the floors of
the building were positioned so that these would
have appeared as downstand rather than up-
stand beams, forming a bulkhead above the windows, with the glass continuing right down to
floor level. This solution would undoubtedly
have enhanced the effect of an uninterrupted
flow of space through the building, but it was
eventually rejected on two main grounds: first,
some occupants would certainly have found the
effect of floor-level glass at the very edge of the
building uncomfortably vertiginous; and second,
the bulkhead would cut out valuable, energy-
saving daylight.

The final component in the office fit-out is
so simple that it goes almost unnoticed. Floors
are covered in carpet tiles laid on a raised floor
of 600mm square, composite panels supported
at their corners by adjustable feet. All carpet
tiles and panels are removable to give access to
a continuous void for the distribution of electrical and communications services. A mineral-
based composite was chosen for the floor panels
because of its good sound-insulating properties.
In its final form, the whole ensemble of floor,
partitions and ceiling gives a sound reduction
of 42 decibels between rooms.

All the elements of the office fit-out are
neatly tailored, understated and unobtrusive.
Together, they quietly order the space, encouraging communication and teamwork through
increased visibility. Most of the office workers
are used to a more segregated working environment, but what they lose in privacy they gain
in openness and an impression of spatial free-
dom. The favourite offices, surprisingly, are not
those on the outside of the building with uninterrupted views over the city, but those overlooking the atrium and the gardens.

A detail section through one of the glazed partitions, aligned here with the fire break that is built into the ceiling void on the line of the main corridor wall.

Eine detaillierte Querschnittsdarstellung durch eine der Glastrennwände, hier mit dem Brandschutz, der an der Wand zum Korridor in die abgehängte Decke integriert wurde.

sind, beheizt. Auf der Oberseite sind sie mit kalottenförmig geriffelten Glasplatten abgedeckt. Diese Brüstung soll nicht nur die Heizkörper verkleiden, sondern in erster Linie die horizontalen Stahlträger der riesigen Vierendeelrahmen, die über die ganze Seitenlänge des Gebäudes spannen, verdecken.

Zu Beginn der Planung waren die Decken des Gebäudes so konzipiert, daß die Vierendeelrahmen bündig mit der Oberkante der Deckenkonstruktion abschlossen. Hierbei wäre über den Fenstern eine Binderscheibe mit bis zum Boden durchgehendem Glas entstanden, die den Eindruck der Transparenz im Gebäudeinnern unterstrichen hätte. Diese Lösung wurde später verworfen. Einige Nutzer des Gebäudes hätten Glas bis zum Fußboden als schwindelerregend empfunden. Zum anderen hätte die Binderscheibe wertvolles, energiesparendes Tageslicht abgehalten.

Das letzte Element der Inneneinrichtung ist sehr unscheinbar. Die Böden sind mit Teppichplatten ausgelegt, die auf Verbund-Doppelbodenplatten (600 x 600mm) verlegt sind. Die Betonplatten stehen an ihren Ecken auf verstellbaren Füßen. Um den Zugang zu den darunterliegenden Anschlüssen für die Elektrik und Kommunikationssysteme zu ermöglichen, kann jede Teppich- und Bodenplatte entfernt werden. Wegen ihrer guten Schallschutzeigenschaften wurden Mineralfaserplatten für den Boden gewählt. Fußboden, Trennwände und Decken sorgen für eine Schallreduzierung von 42 Dezibel zwischen den Räumen.

Alle Elemente der Innenausstattung sind sorgfältig verarbeitet, unauffällig und unaufdringlich. Gemeinsam teilen sie unmerklich den Raum ein, und fördern durch ihre größere Transparenz Kommunikation und Teamarbeit. Weil die Mehrzahl der Büroangestellten an einen abgeschlossenen Arbeitsplatz gewöhnt ist, wird das, was Ihnen an Privatsphäre eventuell verlorengeht, durch ein Gefühl der Offenheit und Großzügigkeit wettgemacht. Die beliebtesten Büros sind überraschenderweise nicht die an der Außenseite des Gebäudes mit Ausblick auf die Stadt, sondern die mit Blick auf das Atrium und die Himmelsgärten.

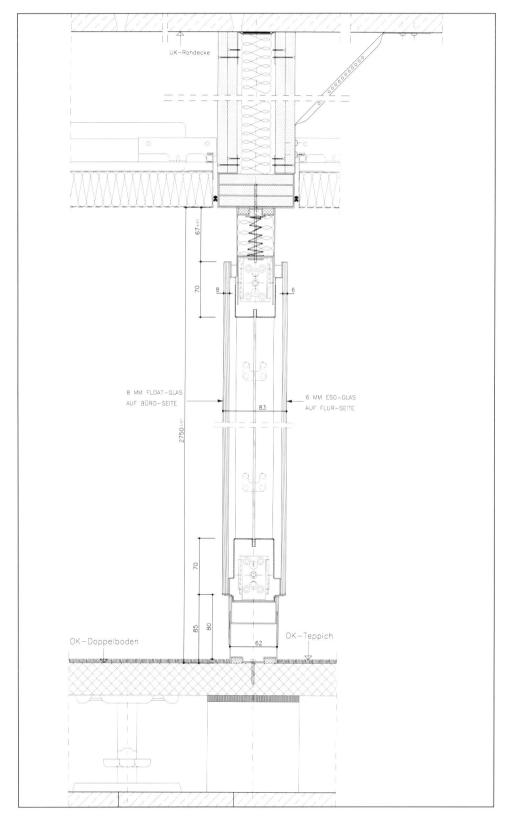

June 1996. Fit-out of the office floors began with the installation of the raised floor *(right)* and the support system for the suspended ceiling *(below)*. Two continuous fire walls in the ceiling void follow the line of the corridor partitions. On most floors, the corridor is widened to provide shared space for non-desk-based activities and only one fire wall is actually required. Two were provided to ensure future flexibility.

Juni 1996. Der aufgeständerte Fußboden *(rechts)* und das Befestigungssystem für die abgehängte Decke *(unten)* waren die ersten Elemente der Innenraumgestaltung, die eingebaut wurden. Entlang der Korridorwände verlaufen zwei durchgehende Brandschutzwände in der abgehängten Decke. In den meisten Stockwerken wurden die Korridore verbreitert, um Raum zur Gemeinschaftsnutzung außerhalb der Büros zu schaffen, was eigentlich nur eine Brandschutzwand erforderlich gemacht hätte. Es wurden aber trotzdem zwei eingebaut, um auf zukünftige Veränderungen flexibel reagieren zu können.

January 1997. Not every floor of the new tower is given over to offices. Levels 4, 5, 51 and 52 contain mechanical plant, and levels 6 and 19 incorporate a number of special areas requiring greater security or higher levels of fire protection. Levels 47 and 48 accommodate the directors' suite, both floors enjoying generous central reception areas *(left)* which are linked by a spiral staircase and defined by curved ceiling profiles which unite the two wings. Levels 49 and 50 are given over to conference and dining rooms, double-height in the south wing and single storey in the north *(below).* The kitchen on level 50 *(below left)* has its own special fire walls and services.

Januar 1997. Nicht alle Stockwerke des Turms sind für Büros bestimmt. In den Stockwerken 4, 5, 51 und 52 befinden sich Technikräume, und im 6. und 19. Stock gibt es verschiedene Räumlichkeiten, die einen höheren Brandschutz oder größere Sicherheitsmaßnahmen erforderlich machen. Auf den Vorstandsetagen 47 und 48 wurden großzügige Empfangsbereiche eingerichtet *(links)*, die mit einer Wendeltreppe verbunden sind und mit charakteristisch geschwungenen Deckenprofilen ausgestattet wurden. Im 49. und 50. Geschoß befindet sich der im Südsegment doppelgeschossige Veranstaltungsbereich, im Nordsegment ist er jedoch nur eingeschossig *(unten).* Die Küche im 50. Stock *(unten links)* hat besondere Brandschutzwände und haustechnische Einrichtungen.

October 1996. The second stage of the office fit-out was the installation of the suspended ceiling, a time-consuming process requiring careful co-ordination with the many servicing systems located in the ceiling void. Only when this was complete could fitting of the partitions commence, beginning with the setting out of the floor channels. These are telescopic to allow for levelling. The final adjustments were made only when the heavy glass partitions had been delivered to the floor so that the deflection caused by their dead load could be taken into account.

Oktober 1996. Der zweite Schritt bei der Innenraumgestaltung war die Montage der abgehängten Decke – ein sehr zeitaufwendiger Vorgang, der genau auf die vielen in der Decke untergebrachten haustechnischen Einrichtungen abgestimmt werden mußte. Erst nach Fertigstellung der Decke konnte mit der Montage der Systemtrennwände begonnen werden; hierfür wurden zunächst die zur Nivellierung teleskopisch ausgeführten Bodenprofile verlegt. Die Feinabstimmung wurde erst nach Anlieferung der schweren Glastrennwände vorgenommen, um die Durchbiegung des Bodens infolge ihres Gewichts berücksichtigen zu können.

January 1997. Once the floor channels were in place, the installation of the ceiling channels could begin. Aligned with the joints between ceiling panels, these are also telescopic to absorb the deflection of the floor above. Vertical posts were then fitted at 1500mm centres, on to which the metal-and-glass panels, spanning from floor to ceiling, were then fixed one side at a time. The narrow yellow panels visible here *(right)* make up the 1500mm module at door openings and are pre-drilled to receive the control switches for lighting, ventilation and window blinds.

Januar 1997. Nach den Bodenprofilen wurden die Deckenprofile montiert. Sie liegen in den Stößen der Deckenpaneele und sind zum Ausgleich der Durchbiegung des darüberliegenden Stockwerks ebenfalls teleskopisch ausgeführt. Anschließend wurden die Stützen zur Befestigung der deckenhohen Metall- und Glaspaneele mit einem Abstand von 1500mm auf jeweils einer Seite montiert. Die hier abgebildeten gelben Paneele *(rechts)* vervollständigen das 1500mm-Modul neben den Türöffnungen; sie enthalten bereits die Bohrlöcher für die Bedienelemente der Beleuchtung, Belüftung und der Jalousien.

The light fittings are supported by inverted U-shaped brackets, set flush with the ceiling, which allow the partitions to pass by on the 1500mm planning grid.

Die Leuchten werden mit umgedrehten U-Profilen befestigt, so daß die Trennwände die durchgehenden Leuchten im Planungsraster von 1500mm kreuzen können.

March 1997. Simplicity and transparency are the keynotes of the office fit-out. All partition panels and doors are full height and the 1500mm planning grid creates generous proportions. The office floors are lined with grey-flecked carpet tiles, loose laid to allow easy access to the raised floor.

März 1997. Die Hauptcharakteristika der Bürogestaltung sind Geradlinigkeit und Transparenz. Alle Trennwände und Türen sind deckenhoch; das Planungsraster von 1500mm verleiht dem Innern eine großzügige Note. Die Fußböden wurden mit graumelierten Teppichfliesen lose verlegt, so daß die Haustechnik unter dem Boden leicht zugängig bleibt.

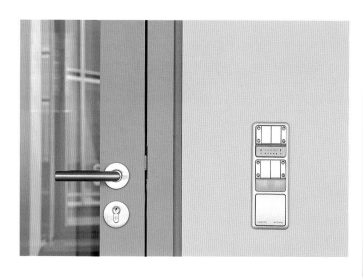

May 1997. With their carefully considered layout of glazed and solid partitions, the office floors offer a subtle balance between privacy and openness. The territory of each cellular office is clearly defined, while maintaining the visual link between the atrium and perimeter wall *(left)*. The offices are very well serviced. Smoke detectors, sprinklers and security sensors project from the centre of alternate ceiling panels, either individually or in groups, while the public address system is concealed within the panels themselves. The standardised outlets in the raised floor panels *(below)* incorporate triple sockets for both main and emergency power, and four smaller sockets for telephone or data links.

Mai 1997. Die sorgfältige Abstimmung von Glas- und Metalltrennwänden sorgt für ein gutes Gleich gewicht zwischen Privatsphäre und Transparenz. Der Durchblick vom Atrium zur Außenfassade wird nicht durch Raumteiler behindert, und trotzdem ist jede Bürozelle klar umgrenzt *(links)*. Auch in bezug auf die Haustechnik sind die Büros sehr gut ausgestattet. Rauchmelder, Sprinklerköpfe und Bewegungsmelder sind jeweils in der Mitte jedes zweiten Deckenpaneels angebracht, wobei gelegentlich verschiedene Elemente in einem Paneel zusammengefaßt wurden. Die standardisierten Zugänge im Doppelboden *(unten)* enthalten drei Steckdosen für die Strom- und Notstromversorgung und vier Telefonbuchsen. .

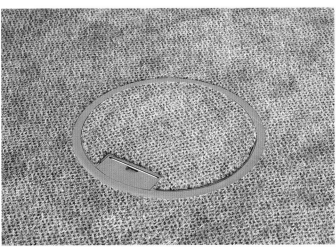

May 1997. Depending on the prevailing winds, office occupants will be able to control the environment of their own offices – by opening or closing the windows – whenever the external temperature ranges between 10°C and 24°C. Using the control panel situated next to the door, the windows can be opened up to 15° from the vertical or stopped at any point in-between. Similarly, the blinds – which can be operated in all temperatures and at all except the highest wind speeds – can be lowered to any point and set at any angle. Should wind speeds exceed pre-set parameters or the ambient temperature fall outside the limits, the BMS will override the system and close the windows automatically.

Mai 1997. Abhängig von der herrschenden Windrichtung können die Nutzer das Raumklima durch Öffnen oder Schließen der Fenster selbst steuern, allerdings nur bei Temperaturen zwischen 10 und 24 Grad. Mit Hilfe der Bedienelemente an der Tür können die Fenster um bis zu 15° geöffnet oder in jeder beliebigen Stellung davor angehalten werden. Mit diesen Elementen können unabhängig von der Temperatur und der Windstärke – mit Ausnahme der höchsten Windgeschwindigkeiten – auch die Jalousien beliebig weit heruntergelassen oder geneigt werden. Sobald die Windgeschwindigkeiten oder Temperaturen die vorgegebenen Grenzwerte überschreiten, greift die zentrale Gebäudeleittechnik ein und schließt automatisch die Fenster.

35.101 - 35.299

ZKA Zentraler Stab Kredit

ZPA entraler Stab Personal Konzernsteuerung
Einsatz und Betreuung

ZCS Zentraler Stab Compliance und Sicherheit
Leitung
Außenwirtschaftsverkehr
Geldwäsche
Datenschutz
Arbeitssicherheit und Umweltschutz
Compliance

WC

May 1997. The three vertical circulation cores are colour-coded red, blue or yellow by means of large directory panels facing the exit from the lift or escape stair lobbies. Designed by Per Arnoldi, the curved enamelled-metal panels, are divided into five horizontal strips shaded light to dark from top to bottom, accentuating the effect of the bright downlighters. The smaller panels beside the office doors match the colour of the directory panels for that floor's lift lobby. *Overleaf:* a typical combi-office, bathed in early morning sunlight.

Mai 1997. Die drei vertikalen Erschließungsrouten sind mit roten, blauen oder gelben Farbtafeln gekennzeichnet, die an der den Aufzugsvorräumen oder Fluchttreppen gegenüberliegenden Wand angebracht sind. Die von Per Arnoldi entworfenen Metallpaneele sind horizontal in fünf Streifen unterteilt, diese emaillierten Paneelstreifen werden von oben nach unten dunkler und unterstreichen so die Lichteffekte der hellen Strahler. Die kleineren Paneele neben den Bürotüren entsprechen farblich denen des Kerns, in dem die Erschließungsrouten dieses Stocks verlaufen. *Folgende Seite:* Ein typisches „Kombibüro" im Morgenlicht.

May 1997. Though rarely penetrated by direct sunlight – hence
the absence of blinds – the internal offices overlooking the atrium
and gardens enjoy high levels of
daylight. Like their external counterparts, the windows can be opened when the conditions are right
to admit fresh air

Mai 1997. Obwohl direktes Sonnenlicht nur selten in die atriumseitigen
Büros fällt und sie deswegen keine Jalousien haben, sind sie doch sehr hell.
Wie in den außenliegenden Büros
können bei geeigneten Bedingungen
zur natürlichen Lüftung auch hier die
Fenster geöffnet werden.

July 1997. It was a requirement of the original planning permission that part of the site be given over to public use. From the beginning, therefore, Foster and Partners had set aside the plaza at the base of the tower for use as a public restaurant. In its final form, this generous day-lit space is separated from the entrance lobby by a full-height glazed screen. The restaurant itself has been designed by Alfredo Arribas. Sweeping platforms of wood, folded like ripples in cloth, establish the layout of the main dining area which follows the radiating pattern of the beams above. The servery areas are set behind the screen wall, concealed until opening time by rotating, expanding fins finished in wood and perforated metal.

Juli 1997. Eine Bedingung für die Erteilung der Baugenehmigung war gewesen, daß ein Teil des Gebäudes der Öffentlichkeit zugänglich gemacht werden sollte. Deswegen hatten Foster and Partners von Anfang an ein öffentliches Restaurant in der Plaza am Gebäudefuß vorgesehen. Im endgültigen Entwurf ist dieser großzügige, natürlich beleuchtete Raum durch eine raumhohe Glaswand von der Eingangshalle getrennt. Das Restaurant selbst wurde von Alfredo Arribas entworfen. Geschwungene, wie große Stoffalten geformte Holzelemente folgen der strahlenförmigen Anordnung der Dachträger und unterteilen so den Raum. Solange das Restaurant geschlossen hat, sind die Theken hinter großen, fächerartig schließenden Schirmen, aus Holz und perforiertem Metall verborgen.

[...]
Un joc de miralls
permet de veure l'altra banda
del poema.
[...]

Ein Spiel von Spiegeln
erlaubt, die andere Seite
des Gedichts zu sehen.

July 1997. Officially opened on 24 July 1997, the plaza has proved a great success. Situated beside the route between the Kaiserplatz entrance and the main lobby, the bar is particularly busy at lunch times and in the early evening.

Juli 1997. Die Plaza wurde offiziell am 24. Juli 1997 eröffnet und ist bei der Öffentlichkeit sehr gut angekommen. Die Bar liegt am Durchgang vom Eingang an der Kaiserstraße zur Eingangshalle und ist mittags und am frühen Abend besonders gut besucht.

275

The Gardens

Die Himmelsgärten

The nine four-storey-high gardens are much more than mere decorative embellishments of the interior. Spiralling round the well of the atrium like a giant staircase, they are the living embodiment of the spirit of the building. Atrium and gardens together make a completely new kind of multi-directional space. Light and air enter from every direction and everywhere there are views up, down, across and through. But what might have been just an abstract spatial composition is given a special quality by the presence of mature trees and masses of shrubs.

In a sense, the whole building is a garden – the vertical equivalent of pavilions in parkland. Unlike the office interiors, which are air conditioned some of the time, the gardens are always naturally ventilated. This is, therefore, not an interior space but a sheltered exterior space; not a multi-storey hothouse, but a sequence of vertically linked courtyards.

Die neun, jeweils vier Geschosse hohen Gärten sind nicht nur eine Verschönerung des Innenraums, sondern sie verkörpern die lebendige Idee dieses Gebäudes: Spiralförmig wie eine riesige Wendeltreppe um das Gebäude herum angeordnet, schaffen sie zusammen mit dem zentralen Atrium ein völlig neues Raumgefühl. Von allen Seiten können Licht und Luft in das Gebäude eindringen, und von allen Standorten aus eröffnet sich der Blick nach oben, unten, über das Atrium hinweg und durch das Gebäude hindurch. Was sonst ein abstraktes Raumkonzept bliebe, wird durch große Bäume und zahlreiche Sträucher lebendig.

In gewissem Sinne ist das gesamte Gebäude wie ein Garten – die Himmelsgärten sind quasi Pavillons in einem vertikalen Park. Im Gegensatz zu den Büros, die bei Bedarf künstlich belüftet werden, sind die Gärten immer natürlich belüftet. Es handelt sich also in dem Sinne nicht um Innenräume, sondern um geschützten Außenraum – eine Reihe vertikal verbundener Innenhöfe.

Foster and Partners prepared their own computer simulations of the gardens to explain the general principles. For structural reasons, the deepest planters were located at centre span.

Um die zugrundeliegenden Designprinzipien der Gärten zu verdeutlichen, haben Foster and Partners ihre eigenen Computersimulationen erstellt. Zur besseren Lastabtragung mußten die größten Pflanzenbehälter in Feldmitte positioniert werden.

The air temperature in the gardens is never more than five degrees higher or lower than the air temperature outside, so the plants are taken from temperate or sub-tropical, not tropical zones. Three main ecologies are represented, corresponding to the three sides of the building: Asian on the east side, North American on the west side and Mediterranean on the south side.

These are big spaces and they demand big plants: firs that almost reach the ceiling, fast-growing bamboo, towering cypresses, hundred-year-old olive trees and, most spectacularly, on level 7, a four-tonne maple. All the plants were hand-picked and specially trained for the job, having spent two years prior to transplanting in conditions simulating those of their eventual home. Never before has non-tropical planting been used on this scale in an interior setting.

The gardens are all different, but have similar layouts and planters on a 'theme and variations' principle. Conceived by the German consultancy E. L. Sommerlad Landschaftsarchitekten, they are designed to be viewed from inside the building. Typically, there is a deep planter for 'background' trees in the middle of the garden and a shallow planter for low foreground planting and shrubs on the atrium side, against the glass balustrade.

Between the two is a small bar and a range of vending machines. On plan, the steel-framed planters are linear compositions with angled ends

Die Lufttemperatur in den Gärten unterscheidet sich um maximal fünf Grad von der Außentemperatur, die Pflanzen kommen daher aus gemäßigten und subtropischen Gebieten. Abhängig von der Gebäudeseite sind drei unterschiedliche Regionen vertreten: Asien an der Ostseite, Nordamerika an der Westseite und die Mittelmeerregion an der Südseite.

Die Gärten sind sehr groß und verlangen nach hochwachsenden Pflanzen: Fast deckenhohe Mammutbäume, schnell wachsender Bambus, schlanke Zypressen, hundertjährige Olivenbäume; und ein spektakulärer, vier Tonnen schwerer Ahorn im siebten Stock. Alle Pflanzen wurden speziell für diesen Zweck ausgesucht und, um sie an ihren späteren Standort zu gewöhnen, bereits zwei Jahre unter ähnlichen Bedingungen gehalten. Damit werden in der Commerzbank erstmals nicht-tropische Pflanzen in derart großem Umfang in Innenräumen eingesetzt.

Die vom Gebäudeinnern zu betrachtenden Gärten wurden von den Landschaftsarchitekten E. L. Sommerlad entworfen. Obwohl jeder Garten individuell gestaltet wurde, ähneln sich alle in der Anlage und in den Pflanzengefäßen, nach dem Motto „Einheit in der Vielfalt". In der Mitte des Gartens befindet sich meist ein tiefes Pflanzengefäß für hohe Hintergrundbepflanzung, das sich bis an die äußere Glasbalustrade zieht und einen schmalen Durchgang zwischen der Fassade und den Kübeln freiläßt. Auf der Atriumseite, sozusagen im Vordergrund für den Betrachter, stehen niedrigere Pflanzengefäße für Büsche.

Zwischen den beiden großen Pflanzengefäßen sind jeweils eine kleine Bar und mehrere kleine Auto-

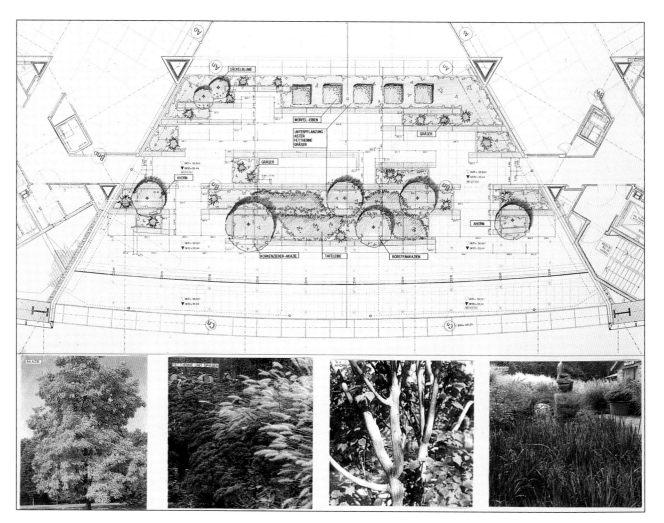

E. L. Sommerlad's presentation panel, showing the west garden at level 27. As with all the west gardens, the design is based on north American plants, including acacias, evergreen oaks and ornamental grasses.

Die von E. L. Sommerlad für die Präsentation angefertigte Darstellung des Westgartens im 27. Stock: Wie in allen Westgärten ist die Bepflanzung nordamerikanisch, unter anderem Akazien, immergrüne Eichen und Ziergräser.

echoing the triangular geometry of the building. The sides are clad in stone and the tops are trimmed with terracotta, wood or slate according to the planting theme. The horizontal surfaces have been designed at either bar or seat height for use as such by the office workers.

To ensure that the planting thrives, daylight must be distributed as evenly as possible. The garden ceilings and the side walls closest to the windows are therefore uninterrupted planes of reflective white metal panels. A row of downlighters on the atrium side can illuminate the space at night, but these are used sparingly so as not to disturb the plants. Instead, an alternative lighting system for the benefit of the occupants has been installed at the base of the planters.

The planting medium is a mixture of soil and volcanic aggregate, solid enough to support the mature trees but light enough to fall safely within the allowable live load for the floors. Perforated irrigation hoses are embedded in the soil, while the bottom of the planter is lined with thick green felt over a layer of gravel to ensure good drainage. The moisture content is monitored continually and, over short periods of time, can be adjusted automatically. In the long term, a full-time gardener and a part-time assistant have been appointed by the Bank to ensure that

maten geplant. Die Stahlrahmen der Pflanzengefäße bilden in der Aufsicht eine lineare Komposition mit spitzen Ecken und spiegeln so die dreieckige Form des Gebäudes wider. Die Seiten der Pflanzenkübel sind mit Stein verkleidet und die Oberseite je nach Garten mit Terrakotta, Holz oder Schiefer. Die dadurch entstehenden horizontalen Flächen wurden so geplant, daß sie von den Angestellten entweder als Bar oder Bank genutzt werden können.

Damit die Pflanzen gedeihen, muß die Beleuchtung so gleichmäßig wie möglich sein. Dafür sind an den Gartendecken und an den Wänden am Fenster durchgehende, reflektierende, weiße Metallpaneele montiert. Mit Hilfe einer Reihe an der Atriumseite angebrachter Lampen kann der gesamte Garten nachts beleuchtet werden; da sie die Pflanzen stören, sollen sie aber nur selten eingeschaltet werden. Für die Nutzer wurden zusätzlich unten an den Pflanzencontainern Lampen angebracht, die die Pflanzen möglichst wenig beeinflussen.

Die Pflanzerde ist eine Mischung aus Humus und Vulkangestein – dicht genug, um die großen Bäume zu stützen und leicht genug, um die Tragfähigkeit der Böden nicht zu überschreiten. Perforierte Bewässerungsschläuche sind im Boden verlegt und um die Ballen der Bäume gewickelt; auf dem Boden der Pflanzbeete ist eine Drainschicht aus Filz und Kieseln zur Abfuhr überschüssigen Wassers aufgebracht. Die Feuchtigkeit wird automatisch gemessen und geregelt.

the landscape architects' vision is maintained as a continuing reality.

Since the gardens are effectively external spaces, there will be times in the year when they may be too cool for people in indoor clothing – though underfloor heating beneath the stone-paved areas will provide local comfort. This, however, is part of the philosophy of the building. The gardens are miniature ecologies which change naturally with the seasons, and the pattern of use of the building must change with them. This is reflected in the choice of plants, many of which need a rest period of no growth during the winter months. If, in controlling the environment, a choice has to be made between what is good for the plants and what is good for the people, the plants must take precedence.

Um das Konzept der Gartenarchitekten auch langfristig zu erhalten, hat die Bank extra eine Gärtnerstelle und eine Assistentenhalbtagsstelle geschaffen.

Da es sich eigentlich um Freiräume handelt, wird man zu bestimmten Jahreszeiten in normaler Kleidung in den Gärten frieren; eine Fußbodenheizung unter dem Naturstein soll hier etwas Abhilfe schaffen. Es gehört jedoch zur Philosophie des Gebäudes, die Jahreszeiten auch innen erleben zu können. Die Gärten sind kleine Biotope, die sich an die Jahreszeiten anpassen, und dementsprechend muß sich auch die Nutzung dieser Bereiche ändern. Dies spiegelt sich in der Wahl der Pflanzen wider, von denen viele in den Wintermonaten eine Ruhepause brauchen. Wenn bei der Kontrolle des Gartenklimas zwischen dem Wohl der Bäume und dem der Menschen entschieden werden muß, sollen die Bäume Vorrang haben.

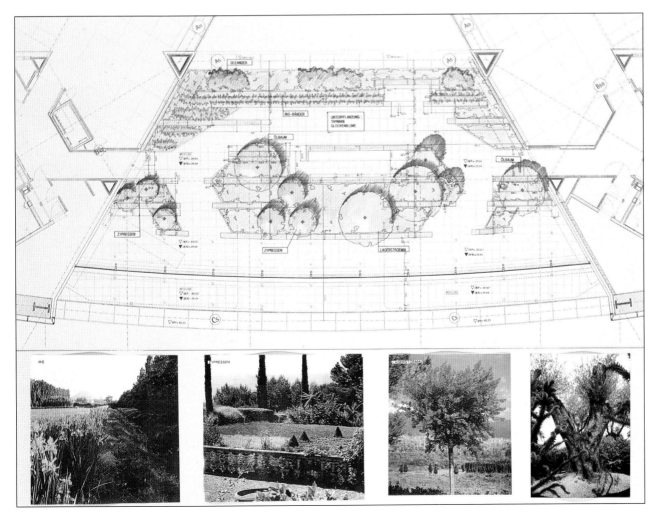

E. L. Sommerlad proposed a Mediterranean theme for the warmer, south-facing gardens, incorporating 100-year-old olive trees, cypresses and a ground cover of thyme.

E. L. Sommerlad schlugen für die wärmeren, an der Südseite gelegenen Gärten mediterrane Pflanzen vor, darunter hundertjährige Olivenbäume, Zypressen und bodendeckenden Thymian.

February 1997. The planters conform to a standard pattern with minor variations. An 1100mm-deep planter occupies the centre of the space, with shallower planters on the atrium side. The planter walls are of Hebel lightweight concrete blocks in an aluminium frame. These were waterproofed, then lined with drainage stones over which was draped a protective filter of thick green felt.

Februar 1997. Die Pflanzenbehälter haben eine Standardform, die nur minimal variiert wurde. In der Mitte der Gärten befindet sich ein 1100mm tiefer Pflanzenbehälter, die flacheren Container sind zum Atrium orientiert. Für die Seitenwände der Container wurden Hebel Porenbetonplatten in Aluminiumrahmen verwendet. Die Platten wurden abgedichtet und dann mit einer Drainschicht aus Kieseln und einer grünen Filzschutzschicht ausgekleidet.

24 March 1997. The mature trees, some of them more than 20 years old, were supplied from sources in Germany and Italy by Herbert Wichmann Garten- und Landschaftsbau. The trees were specially 'trained' in the Wichmann nursery by being transplanted every two years, encouraging them to develop tight root balls for easy transportation. They were lifted by mobile crane, one at a time, to the lowest garden in each 'village' and then hoisted up inside the atrium to their designated garden. These pictures show the lifting of the large redwoods which now dominate the highest garden at level 39. All the larger plants lived at the nursery for two years in conditions approximating those of their eventual destination.

24. März 1997. Die teilweise mehr als 20 Jahre alten Bäume stammen aus Deutschland und Italien. Ausgesucht und gepflanzt wurden sie von dem Garten- und Landschaftsbauunternehmen Herbert Wichmann, in deren Baumschule die Pflanzen auch auf den Transport vorbereitet wurden. Sie wurden zwei Jahre lang mehrmals umgepflanzt, damit sie einen dichten Wurzelballen entwickeln. Mit mobilen Kränen wurden sie einzeln in den jeweils niedrigsten Garten eines „Dorfes" gehoben und dann durch das Atrium an ihren eigentlichen Standort verbracht. Auf diesen Fotos sieht man die großen Eiben am Kran hängen, die jetzt den Garten im 39. Stock dominieren. Die größeren Pflanzen wurden in der Baumschule zwei Jahre unter Bedingungen gehalten, die denen ihres endgültigen Standorts in etwa entsprechen.

March 1997. The landscape architects, E. L. Sommerlad, have many years of experience in the planting and maintaining of roof gardens but high-rise internal gardens with temperate planting have no precedent. Everything had to be considered afresh. The soil, for example, had to be light enough to ensure the deadload on the floor structure did not exceed 13.5 kN/m², but also dense enough to support large trees. The final mix includes a high proportion of crushed pumice which combines reasonable compaction with good water retention and drainage properties. Porous pipes were wrapped around the root balls of the trees just below the surface to ensure a steady water supply, though all plants will be regularly fed and watered by the permanent gardening staff.

März 1997. Die Landschaftsarchitekten E. L. Sommerlad haben langjährige Erfahrung mit dem Anlegen und der Pflege von Dachgärten, aber Gärten im Innern von Hochhäusern mit Pflanzen aus gemäßigten Regionen sind etwas bisher nie Dagewesenes. Alles mußte neu überdacht werden. Die Pflanzerde beispielsweise mußte leicht genug sein, um die Eigenlast der Geschoßdecken von 13,5 kN/m² nicht zu überschreiten, und gleichzeitig schwer genug, um die großen Bäume zu stützen. Die Erde enthält einen großen Anteil Vulkangestein, das relativ kompakt ist und gleichzeitig gute Wasserspeicher- und Entwässerungseigenschaften hat. Die Ballen wurden dicht unter der Erdoberfläche mit perforierten Schläuchen umwickelt, um eine konstante Wasserversorgung sicherzustellen. Zusätzlich werden alle Pflanzen regelmäßig durch festangestellte Gärtner von Hand gewässert und gedüngt.

April 1997. The east gardens at level 7 *(right)* and level 19 *(below).* The combination of four-storey-high glazed external walls and reflective ceilings ensures even light distribution over the depth of the space. Temperature is controlled mainly by opening and closing the windows that supply fresh air via the garden and the atrium to the internal offices. The plants come from temperate, not tropical regions, so the air temperature in the gardens has to remain within five degrees of the external air temperature, even in winter.

April 1997. Die Ostgärten im 7. *(rechts)* und 19. Stock *(unten).* Die über vier Stockwerke durchgehende Glasfassade und die reflektierenden Decken sorgen dafür, daß die Gärten über die ganze Tiefe gleichmäßig beleuchtet werden. Die Temperatur wird hauptsächlich mit Hilfe der großen öffenbaren Fenster reguliert, die für die natürliche Belüftung der Büros über die Gärten und das Atrium sorgen. Da die Pflanzen aus gemäßigten und nicht aus tropischen Regionen stammen, dürfen die Temperaturen in den Gärten selbst im Winter nicht um mehr als fünf Grad von den Außentemperaturen abweichen.

May 1997. Though the basic theme of North American, Asian and Mediterranean planting for the west, east and south gardens respectively has been strictly adhered to, variations in the choice of plants and in the planting layouts ensure no two gardens are alike.

Mai 1997. Obwohl das Thema der nordamerikanischen, mediterranen und asiatischen Bepflanzung in den West-, Süd- und Ostgärten immer eingehalten wurde, wurde die Wahl der Pflanzen und die Anlage variiert, um sicherzustellen, daß kein Garten dem anderen gleicht.

May 1997. The west garden at level 27, bathed in the warm glow of a late-afternoon sun. The top-most garden of one village of floors, the top-lights in the external facade have been opened to release excess heat.

Mai 1997. Der Westgarten im 27. Stock ist hier in warmes Abendlicht getaucht. Dies ist der oberste Garten des Dorfes, und die Fenster in der Außenfassade stehen offen, um kühlere Luft einströmen zu lassen.

Postscript

Nachwort

28 July 1997. Photographed soon after dawn, the buildings overlooking the river and the nearby river-boats remain in shadow. Above them, the east facade of the finished building is bathed in sunlight.

28. Juli 1997. Kurz nach Sonnenaufgang liegen der Fluß und die Schiffe noch im Schatten. Die Ostfassade des fertigen Turms darüber ist jedoch bereits in Sonnenlicht getaucht.

Energy saving first became a live issue for architects during the oil crisis of the early 1970s. The low energy architecture movement at that time tended to have a 'brown rice and sandals' image. Its buildings were mostly small scale and its architecture mostly undistinguished. When the oil began to flow again, the movement lost momentum. In the 1980s most mainstream architects forgot all about ecological issues and were quite content to design big, air-conditioned, 'gas-guzzling' office blocks for property developers and multinational corporations.

But now that holes have appeared in the ozone layer and the greenhouse effect has begun to alter climate patterns all over the world, architects have once again become concerned about the environmental impact of their buildings. The emphasis has shifted from scarce energy resources to the pollution caused by the burning of fossil fuels. It is reckoned that buildings produce about 50 per cent of the carbon dioxide pollution that causes global warming.

There is a feeling that after the shallow stylistic preoccupations of the 1970s and '80s, Modern architecture once again has a real job to do. In the last six or seven years big-name architects, whose image is the very opposite of brown rice and sandals, have seen the ecological light and have begun to experiment with new low-energy building forms. The Commerzbank tower is the biggest and boldest of these experiments to date.

A building uses energy and creates pollution in three main ways. First, there is the energy embodied in its construction – in the manufacture of building materials, in the transportation of those materials to the site and in the mechanised assembly process. Second, there is the question of location. Will the building's inhabitants have to use their cars to get to it, or is it easily accessible by energy-efficient public transport? Finally, there is the energy used to heat, light and cool the building.

In the Commerzbank tower, the level of embodied energy is high. Its plan, the form of its enclosing envelope and the method of its

Anfang der 70er Jahre, zur Zeit der Ölkrise, wurde energiesparendes Bauen zum ersten Mal ein wichtiges Thema für Architekten. Weil die Gebäude größtenteils klein und vom architektonischen Standpunkt eher unbedeutend waren, haftete den Niedrigenergiehäusern dieser Zeit das Image von Müsli und Birkenstockschuhen an. Nach dem Ende der Ölkrise verlor die Bewegung schnell an Bedeutung mit dem Resultat, daß in den 80er Jahren ökologische Aspekte in der konventionellen Architektur fast völlig vernachlässigt wurden und internationale Konzerne und Investoren wieder vollklimatisierte, energieverschlingende Bürogebäude bauten.

Die fortschreitende Zerstörung der Ozonschicht und die durch den Treibhauseffekt ausgelösten weltweiten Klimaveränderungen haben bei den Architekten heute wieder ein größeres Interesse an den Auswirkungen ihrer Gebäude auf die direkte Umwelt geweckt. Die Hauptsorge ist dabei weniger die Energieverknappung als vielmehr die auf die Verbrennung fossiler Brennstoffe zurückgehende Luftverschmutzung: Man geht davon aus, daß etwa 50 Prozent des für die Erderwärmung verantwortlichen Kohlendioxids von Wohn- und Bürogebäuden ausgestoßen werden.

Nachdem die Architektur der 70er und 80er Jahre stark von Modeströmungen beeinflußt war, übernimmt die moderne Architektur nun wieder Verantwortung. Renommierte Architekten haben in den letzten Jahren vermehrt die Bedeutung des Umweltschutzes erkannt und begonnen, mit Formen des energiesparenden Bauens zu experimentieren. Der Commerzbankturm ist das bisher größte und gewagteste Experiment auf diesem Gebiet.

Der Energieverbrauch eines Gebäudes und die damit verbundene Umweltbelastung läßt sich in drei Kategorien unterteilen: erstens die zum Bau benötigte Energie, das heißt, zur Herstellung der Baustoffe, für den Transport der Baustoffe zum Bauplatz und den mechanisierten Bau selbst; zweitens die Energie, die von den Nutzern auf dem Weg zum Gebäude verbraucht wird (hierfür ist entscheidend, ob das Gebäude an das öffentliche Verkehrsnetz angebunden ist oder ob die Nutzer mit dem Auto kommen müssen); und drittens die Energie, die zur Heizung, Beleuchtung und Kühlung des Gebäudes nötig ist.

Das Commerzbankgebäude ist durch seine Form, Fassade und seinen Grundriß sowie den aufwendigen

construction are not that efficient in embodied energy terms. On the other hand, the skyscraper form is only necessary because of its location in the centre of Frankfurt, with easy access by public transport. So it might be argued that the first two factors cancel each other out. It is in the third element of the equation – the energy consumed to make the building comfortable to use – that the design seeks to make savings.

The basic idea is simple: use natural light and natural ventilation instead of energy-profligate air conditioning and artificial lighting. In a smaller, lower building, this would be called a 'passive' energy strategy. The form, orientation and cladding of the building would be designed to maximise the use of free, ambient and non-polluting energy.

To a certain extent, this strategy has been applied in the Commerzbank tower. The main function of the central atrium and the four-storey-high gardens is to promote natural ventilation. But because of the skyscraper form, the building can only be naturally ventilated some of the time. In certain conditions – high winds, for example – the windows have to be closed and ventilation must be artificial. It is, therefore, necessary to install active ventilation and cooling systems in addition to the passive opening windows. And yet another system has to be installed to control the passive and active systems and decide when to use which. Instead of one system, we have three.

There is, therefore, a paradox here. We might expect a building that adopts a passive energy strategy to be simple and low-tech. But when that building is a skyscraper, the technology employed has to be more, not less sophisticated, with complicated 'double-facade' cladding panels, motorised windows and blinds, chilled ceilings, a complex network of ventilation ducts, and an automatic building management system that puts a computerised control module in every office. This is one of the important lessons learnt from the Commerzbank experiment: low-energy buildings and passive technologies do not necessarily go together.

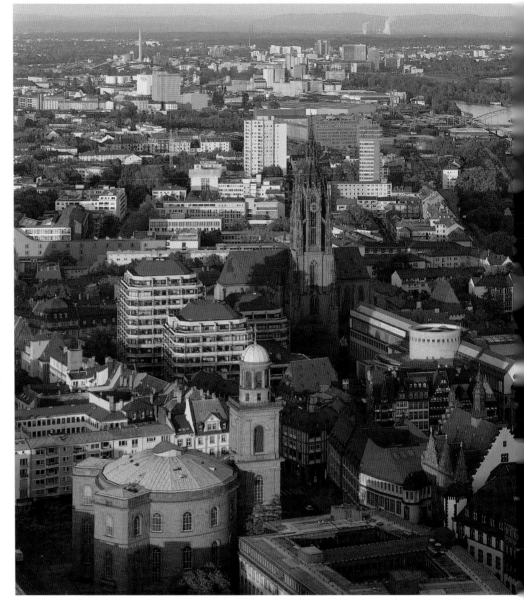

The cathedral and historic centre of the city of Frankfurt in the late-afternoon sun, as seen from level 42 of the new Commerzbank tower.

Die Altstadt und der Dom in der Nachmittagssonne, aufgenommen vom 42. Stock des Commerzbankturms.

Bauprozeß selbst bei der Nutzung von Primärenergie relativ ineffizient. Um eine Anbindung an das öffentliche Verkehrssystem zu ermöglichen, wurde der enge Innenstadtbauplatz gewählt, so kam nur ein Hochhaus in Frage. Während sich die beiden ersten Kategorien also gegeneinander aufwiegen, sind aber in der dritten Kategorie, die den für die Behaglichkeit nötigen Energieaufwand bezeichnet, wesentliche Energieeinsparungen möglich.

Die zugrundeliegende Idee ist sehr einfach: statt des Einsatzes von energieaufwendigen Klimaanlagen und künstlicher Beleuchtung wurde natürliche Belüftung und Beleuchtung integriert. Bei einem kleineren Gebäude würde man dies als passive Energiestrategie bezeichnen. Das bedeutet: bei der Planung der Form, Ausrichtung und Fassade des Gebäudes wurde ein möglichst hoher Nutzungsgrad freier, umweltfreundlicher Umgebungsenergie angestrebt.

Im Entwurf für den Commerzbankturm wurde diese Strategie weitgehend angewendet. Die Hauptaufgabe des zentralen Atriums und der vierstöckigen Gärten besteht darin, die natürliche Belüftung des Gebäudes zu unterstützen. Aber ein Turm kann nicht

But there is much more to this building than its energy strategy, whether active or passive, high-tech or low-tech. Not all aspects of the internal environment of a building can be measured by scientific instruments. The quality of a space can never be assessed objectively; it is a human, not a technical question.

The atrium and gardens of the Commerzbank tower are as much a spatial idea as a technical device. The essence of the idea is to liberate the space inside the tower and thereby to free its occupants from their confinement in the narrow slot of a single floor. From almost every corner of the Commerzbank interior there are long, orientating views across the atrium and through the gardens. It is one thing to know that there are landscaped communal spaces available for recreation and enjoyment, and quite another to be able to look out of the window and see them laid out before you. It improves the working environment in an immeasurable way.

This is not the first time that Norman Foster has brought his spatial inventiveness to bear on

das ganze Jahr über natürlich belüftet werden. Bei bestimmten Wetterbedingungen, zum Beispiel bei hohen Windgeschwindigkeiten, müssen die Fenster geschlossen und das Gebäude künstlich belüftet werden. Deswegen mußten zusätzlich zu den öffenbaren Fenstern aktive Kühl- und Lüftungseinheiten eingebaut werden. Darüber hinaus war nun auch ein System nötig, das die aktiven und passiven Funktionen kontrolliert und entscheidet, welche aktiviert werden sollen. Statt eines einzigen Systems gibt es bei der Commerzbank drei.

Das Gebäude scheint ein Widerspruch in sich zu sein. Von einem nach den Gesichtspunkten der passiven Energienutzung gebauten Gebäude sollte man eigentlich erwarten, daß es sehr einfach ist und ohne viel Technik auskommt. Aber wenn es sich um ein Hochhaus handelt, wird die technische Ausstattung nicht etwa einfacher, sondern komplexer: Paneele für die „Zweite-Haut Fassade", Kühldecken, ein Netz von Belüftungskanälen und eine automatische Gebäudesteuerung mit einem Computerkontrollsystem in jedem Büro. Eine wichtige Lehre, die man aus dem Commerzbankexperiment ziehen kann, lautet also: Niedrigenergiehäuser und passive Technologien sind nicht so einfach zu vereinbaren.

Aber das Gebäude hat sehr viel mehr zu bieten als nur seine Energiestrategie, gleichgültig ob nun aktive oder passive Energie, High-Tech oder Low-Tech. Nicht alle Charakteristika des Innenraums können mit wissenschaftlichen Parametern gemessen werden, denn Raumqualität ist kein technisches Problem, das man objektiv beurteilen kann, sondern eine sehr individuelle Angelegenheit.

Das Atrium und die Gärten des Commerzbankturms sind sowohl ein Raumkonzept als auch ein technisches Mittel. Dem Konzept liegt der Gedanke zugrunde, den Innenraum des Turms zu öffnen und zu vermeiden, daß sich die Nutzer in ein einzelnes, enges Geschoß eingeklemmt fühlen. Aus fast allen Bereichen des Commerzbankgebäudes hat man durch das Atrium und die Gärten einen guten Ausblick und kann sich orientieren. So wissen die Nutzer des Gebäudes nicht nur, daß sie die Gärten zur Erholung und in Pausen nutzen können, sondern sie können sie sogar vor dem eigenen Fenster sehen. Das stellt eine unbeschreibliche Verbesserung des Arbeitsumfeldes dar.

From church tower to skyscraper, Frankfurt's growth over the last 40 years has been dramatic.

Frankfurts Entwicklung in den letzten 40 Jahren wird deutlich, wenn man die alten Kirchtürme mit den neuen Hochhäusern vergleicht.

the office interior. Way back in 1975, when he designed the famous Willis Faber building in Ipswich, it was the cascade of internal escalators as much as the undulating frameless glass skin that distinguished it as a new kind of office building.

When he came to design his first tower, the Hongkong Bank, he was driven by the same instinct to open up the interior. The floors were linked in a continuous spatial sequence by the use of escalators rather than lifts for local vertical circulation. Later, in the more modest Century Tower in Tokyo, Foster achieved a similar effect by introducing for the first time a full-height atrium, opening up views up and down as well as across the building. In the Commerzbank tower this idea is further developed and a new ingredient is introduced: soft landscaping.

And here we come full circle. Natural light and ventilation are not just ways to save energy. They are sensory phenomena. It is by experiencing the changing qualities of light and air that we maintain contact with the world's natural diurnal and seasonal rhythms. When we are cut off from these rhythms – in the unchanging light and air of a deep-planned, hermetically sealed building – we sense a loss, we long to escape and we start watching the clock.

But there is another way that we sense the rhythm of the seasons: by observing the changes to natural vegetation. This is why the planting in the gardens is temperate, not tropical. Like the people who work in the building, the plants respond to changes in the quality of light and air, and they make these changes visible not just to the eyes but, by empathy, to the whole body. In short, they make us feel good.

Of course, one might say that there is nothing natural about skyscrapers, with or without gardens in the sky. Like any large building, the Commerzbank tower is an artificial world. But it is not a substitute world. It remains open and permeable, modifying, reinterpreting and symbolising the given world of nature. And that, surely, is what the best architecture has always done.

Norman Foster hat vor der Commerzbank schon zahlreiche andere Büroräume gestaltet. Bereits 1975, als er das berühmte Willis Faber Gebäude in Ipswich entwarf, waren die kaskadenartig im Innern angeordneten Rolltreppen genauso neuartig für ein Bürogebäude wie die gewellte Hülle aus rahmenlosem Glas. Dieses Bestreben, den Innenraum zu öffnen, beeinflußte auch den Entwurf seines ersten Turms für die Hongkong Bank. Durch den Einsatz von Rolltreppen anstelle von Aufzügen für die vertikale Erschließung wurden die Stockwerke zu einer räumlichen Einheit verbunden. In dem später gebauten, etwas kleineren Century Tower in Tokio hat Foster erstmals mit Hilfe eines durchgehenden Atriums einen ähnlichen Effekt erzielt: man hat im Gebäude einen freien Blick nach oben, nach unten und auf die andere Atriumseite. Beim Commerzbankturm wurde diese Idee weiterentwickelt und darüber hinaus ein neues Element eingesetzt: soft landscaping.

So schließt sich der Kreis. Natürliche Belüftung und Beleuchtung sparen nicht nur Energie, sondern sie sind ein Erlebnis für die Sinne. Durch die Licht- und Temperaturveränderungen erleben wir den natürlichen Tages- und Jahreszeitenwechsel. Wenn wir von diesem Rhythmus abgeschnitten sind, zum Beispiel weil wir in dem gleichbleibenden Licht und den konstanten Temperaturen eines Gebäudes ohne öffenbare Fenster mit einem tiefen Grundriß arbeiten, fehlt uns etwas, und wir fühlen uns unwohl.

Außer an den Temperaturveränderungen erkennen wir den Jahreszeitenwechsel an den Veränderungen der natürlichen Vegetation. Deswegen wurden in den Gärten Pflanzen aus gemäßigten Klimagebieten angepflanzt. Wie die Nutzer des Gebäudes reagieren auch die Pflanzen auf Luft- und Temperaturveränderungen und machen diese Veränderungen nicht nur sichtbar, sondern auch für den ganzen Organismus wahrnehmbar. Kurz gesagt, wir fühlen uns besser in der Umgebung von Pflanzen.

Man kann natürlich argumentieren, daß Hochhäuser nie natürlich sind, egal ob sie nun Gärten haben oder nicht. Wie jedes andere große Gebäude ist auch der Commerzbankturm eine künstliche Welt. Aber er ist keine Ersatzwelt. Er bleibt offen und durchdringbar, er modifiziert, reinterpretiert und symbolisiert die bestehende natürliche Welt. Und das ist es, was gute Architektur schon immer ausgemacht hat.

The new Commerzbank headquarters from the Altes Opernhaus *(right)* and Kaiserplatz *(below)*, a bold addition to Frankfurt's rich architectural heritage.

Die neue Hauptverwaltung der Commerzbank vom Opernplatz *(rechts)* und vom Kaiserplatz *(unten)* – ein kühner Beitrag zur Vielfalt der Frankfurter Architektur.

The Project Team

Das Projektteam

Client *Bauherr*	Commerzbank AG	Landscape Consultant *Landschaftsbau*	E. L. Sommerlad Landschaftsarchitekt
Project Manager *Auftraggeber*	Nervus Generalübernehmer GmbH	Main Contractor *Generalunternehmer*	Hochtief AG
Site Supervision *Objektüberwachung*	BGS Ingenieursozietät HPP Gesellschaft für Projektmanagement mbH	Demolition and Excavation *Abbruch- und Aushubarbeiten*	A. Jonitz
Architect *Architekt*	Foster and Partners	Retaining Walls and Piling *Verbau und Sondergründung*	Grund- und Pfahlbau GmbH
Cost Consultant *Massen- und Kostenermittlung*	Davis Langdon & Everest	Structural Steel *Stahlbau*	DSD Dillinger Stahlbau GmbH
Structural Engineers *Tragwerksplanung*	Ove Arup & Partners Krebs und Kiefer	Scaffolding and Platforms *Gerüstbauarbeiten*	Gerüstbau Bensel
Geotechnical Consultant *Baugrundsachverständige*	Ingenieursozietät Katzenbach und Quick	Formwork and Shuttering *Schalungsarbeiten*	Streif Schalungsbau GmbH
Proofing Engineer *Prüfingenieur*	König und Heunisch	Reinforcement Steel *Lieferung + verlegung Baustahl*	Ehresmann Baustahl GmbH
Environmental Engineers *Haustechnik*	Pettersson & Ahrens Roger Preston & Partners	Reinforced Concrete Work *Beton- und Stahlbetonarbeiten*	HTS-Bau GmbH
Electrical Engineers *Elektrotechnik*	Schad & Hölzel	Bricklaying and Concrete Work *Mauer- und Betonarbeiten*	Cande-Bau GmbH
Fire Protection *Brandschutz*	Professor Klingsch	Asphalt Works *Gußasphaltarbeiten*	Deutsche Asphalt GmbH
Facade Engineer *Fassadentechnik*	Ingenieurbüro Schalm	Expansion Joints and Seals *Abdichtungsarbeiten*	Zehnich
Lift Engineer *Aufzugstechnik*	Jappsen und Stangier	Specialist Waterproofing *Abdichtungsarbeiten*	Willy A. Löw KG
Surveying Engineer *Vermessungsingenieure*	Dr. -Ing. Grandjean	Aerated Concrete Work *Porenbetonarbeiten*	Hebel Alzenau GmbH & Co.
Energy Consultant *Energieberatung*	Arnstein und Walthert	Bricklaying *Mauerwerksarbeiten*	Opex
Impact Analysis *Erschütterungsmessungen*	Wörner & Partner	Gypsum Boards and Drylining *GK Ständerwände und -decken*	ARGE Trockenbau Westphal GmbH & Co KG
Wind Tunnel Testing *Windkanalversuche*	RWDI	Cladding Systems *Fassade*	Josef Gartner & Co Scheldebouw BV
Space Planning *Organisation*	Quickborner Team		

Air Conditioning and Ventilation *Raumlufttechnische Anlagen*	Krantz TKT	Suspended Metal Ceiling *Abgehängte Metalldecken*	Schmidt Montage GmbH
Cooling Systems *Kälteanlagen*	R. O. Meyer	Special and Recessed Doors *Sonder- und Nischentüren*	Magnus Müller Gmbh & Co. KG
Heating and Plumbing *Sanitär und Heizung*	Werner Schöhl GmbH	Wooden Doors *Holztüren*	Lindner AG
Sprinkler Systems *Sprinkleranlagen*	Minimax GmbH	Roller Shutters *Rolltore und Rollgitter*	Günther-Tore
Electrical Works *Stark- und Schwachstrom*	K. Dörflinger	Lavatory Partitions *WC-Trennwände*	Schäfer Ausstattungs-Systeme
Electrical Works + BMS *Elektro- und MSR-Technik*	Siemens AG	Tiling *(tower)* *Fliesenarbeiten (Hochhaus)*	Gebrüder H+H Heil KG
Waste Disposal Systems *Müllentsorgungsanlagen*	Fredenhagen KG	Tiling *(perimeter buildings)* *Fliesenarbeiten (Randbebauung)*	Amrhein GmbH
Waste Disposal Systems *(Wet)* *Naßmüllentsorgung*	Müller und Jessen GmbH	Kitchens *Rücheneinrichtung*	E. Fuchs GmbH
Fire Doors and Roller Shutters *Stahltüren und Rolltore*	Riexinger Türenwerke GmbH	Cold Stores and Cooling Systems *Kühlräume mit Kälteanlagen*	Kälte-Klima-Umwelttechnik GmbH
		Kitchenettes *Teeküchen*	Holighaus
Passenger and Service Lifts *Aufzugsanlagen*	Thyssen Aufzüge GmbH	Security Locking Systems *Schließanlage*	Erbacher & Kolb
Document Handling System *Aktenförderanlage*	Thyssen Telelift GmbH	Secure Area Works and Safe Door *Sicherungsbewehrung + Tresortür*	Bode Panzer
External Cleaning Hoists *Fassadenbefahranlage*	Wahlefeld GmbH	Turnstiles *Drehsperranlagen*	Kaba Gallenschütz GmbH
Atrium Wall-Climbers *Fassadenleitern*	Zarges Leichtbau GmbH		
		Natural Stone Works *Natursteinarbeiten*	LSI Luso Suica International
Screeding Work and Carpet Tiles *Estrich- und Bodenbauarbeiten*	Häcker KG	Flooring *Bodenbelagsarbeiten*	Thura Fußbodentechnik GmbH
Raised Floor System *Doppelboden*	Esbotec		
Partitions and Ceiling Panels *Trennwände und Kühldecken*	Clestra Hauserman GmbH	Landscaping and Gardens *Garten- und Landschaftsbau*	Wichmann GmbH & Co. KG
Plastering and Painting *Putz- und Malerarbeiten*	Hans Leitner		
Internal Glass and Frames *Glaspaneele und Rahmen*	Metallbau Josef Wenker		

Credits

Danksagung

It is now more than two years since I made my first visit to Frankfurt, to photograph the early stages of the Commerzbank building's construction. In the 15 or so visits since then I have met a great many people who have helped me on my way, with access to the site and other nearby buildings, or with advice and information. It is impossible to name them all here, but to one and all my sincere thanks.

Vor mehr als zwei Jahren bin ich zum ersten Mal nach Frankfurt gefahren, um die Commerzbank in einer frühen Bauphase zu fotografieren. Seitdem war ich über 15 mal in Frankfurt und habe während dieser Aufenthalte von den verschiedensten Seiten Hilfe bekommen, sei es was den Zutritt zur Baustelle oder benachbarten Gebäuden betrifft, seien es Rat und Informationen. Es wäre unmöglich, hier alle namentlich aufzuführen, aber all' denjenigen, die mir geholfen haben, sei hiermit herzlich gedankt.

The following, however, require special mention:

Besonderen Dank aussprechen möchte ich:

Uwe Rainer Prim and Dennis Phillips, *Commerzbank AG* • Gerhard Hilke, *Hochtief AG* • Uwe Nienstedt, Sven Ollmann, Peter Unkrig, Michael Richter, Ricarda Zimmerer and Christine Tomsche, *Foster and Partners Frankfurt* • Katy Harris, Nina Berkowitz and John Silver, *Foster and Partners London* • Chris Wise and Seán Walsh, *Ove Arup & Partners* • Matthew Kitson, *Roger Preston and Partners* • Rolf-Peter Schürmann, *Krebs und Kiefer* • Hubert Quick and Helmut Hoffmann, *Ingenieursozietät Katzenbach und Quick* • Bernd Römer, *Pettersson & Ahrens* • Herr Diersch and Wilfred Ladberg, *DSD Dillinger Stahlbau* • Hermann Wilts and Bettina Schinke, *Thyssen Aufzüge* • Wolfgang Render, *Siemens AG* • Edgar Hang, *Hebel Alzenau* • Josef Reinart, *Clestra Hauserman* • Karin Paulick, *Häcker KG* • Werner Czerny and Herr Trulli, *E. L. Sommerlad Landschaftsarchitekt* • and Maria Dorenkamp and Pauline Ollmann.

For their help during the design and production of this book, I would like to thank the following:

Für ihre Hilfe bei der Gestaltung und Realisierung des Buches gebührt darüber hinaus den Folgenden Dank:

Sophia Behling, Lesley Chisholm, Lucy Chisholm, Julia Dawson, Caroline Gutbrod, William McElhinnie, Ulrike Ruh, Sabine Schäbitz, Manon Scheffel and Ulrich Schmidt.

Finally, for their help with additional photographs and drawings *(on the pages indicated)*, my thanks to:

Und schließlich möchte ich denjenigen danken, die zusätzliche Fotos oder Zeichnungen zur Verfügung gestellt haben *(die entsprechenden Seitenzahlen sind genannt)*:

Ove Arup & Partners: 64 67
Clestra Hauserman: 250 251
Richard Davies: 12 16 20 21 22 40 41 156 157
Detail Review of Architecture: 160
DSD Dillinger Stahlbau: 65 68 69
Foster and Partners: 14 15 17 18 18/19 23 156 194 195 197 199 228 229 246 246/247 248 249 276 277
Grund und Pfahlbau: 72 73
John Hewitt: 200 201 230
Ingenieursozietät Katzenbach und Quick: 70
William McElhinnie: 46/47 48 49 50 51 52 53 54 55 56 57 58 59 60
Roger Preston & Partners: 196 198
E. L. Sommerlad Landschaftsarchitekt: 278 279
Peter Unkrig: 66 71